돌보며 돌아보며

요양보호사의 성찰일기

최 보 심

양서원

머리글

시간이 흘러 할머니 때를 살고 있습니다. 어제와 변함 없는 생활 그대로지만, 손주가 생겼습니다. 나와 가족의 세상 성공을 위한 가치관으로 그저 내 욕심을 부리며 살았습니다.

요양보호사가 되어 어르신을 돌봐드리며 나를 돌아볼 수 있게 되었습니다. 보잘 것이 없고, 내놓을 것이 없는 인생이지만 지나온 시간을 곱씹어봅니다.

어려서부터 나를 낳아 길러주신 부모님의 권위를 거슬러 살았습니다. 술 드시는 아버지를 무시하고, 아버지를 박대한 어머니를 원망했습니다.

학창 시절에는 이기적으로 공부하느라 진심 어리게 친구와 우정을 나누지 못했습니다.

결혼이라고 했지만 남편을 돕는 배필로서 역할을 다하지

못하고, 남편으로부터 무시 받은 만큼 외면했습니다.

며느리가 되어서도 내 자녀만 챙기느라 시부모님은 안중에도 없이 나 몰라라 지냈습니다.

부모로서 자녀를 있는 그대로 사랑해야 했는데, 세상에서 잘 되는 것만 바라며 아이들의 마음을 헤아리지 못하고 자판기처럼 대했습니다. 문제가 많은 엄마였습니다.

형제들과 서로 신뢰하며 따뜻한 정을 나누지 못한 것을 이 처지가 되어서야 깨닫습니다.

그동안 잘못 살아온 것을 고백합니다. 어르신을 돌봐드리며 예전에 지나쳤던 것을 새롭게 돌아보고 있습니다. 접하는 사람에게 무심했고, 이들을 진정으로 섬긴 일이 없습니다. 돌봄을 받기만 했던 내 이기적 태도를 반성합니다. 이제라도 손과 발을 동원해 손주들을 진심으로 돌보려고 합니다.

이 일기는 저를 돌아보는 성찰이고 회개입니다. 이별을 앞둔 어르신과 동행, 사소한 일상, 수수한 대화의 기록입니다. 인생의 끝자락에 선 평범한 분들과 나눈 대화는 진솔하고, 그래서 귀합니다.

빈궁한 집안에 시집온 이송경 새언니와 홍옥순 올케에게 감사드립니다.

돌봄 활동을 할 수 있게 가르쳐주고 도와주신 요양보호

사교육원 원장님, 요양보호센터 원장님과 사회복지사님, 동료 요양보호사님께 고마움을 전합니다.

언제나 힘이 되어준 가족, 평소 배려로 감싸주는 대학 동기생들, 서로 돕는 교회의 공동체 교우님들, 고맙습니다.

이 성찰일기의 출판을 맡아준 양서원과 집필에 기꺼이 동의해 주신 어르신께 깊이 감사드립니다.

주님께 온전히 감사드리며, 험난한 인생을 살아내신 구순의 친정어머니와 함께 읽겠습니다.

2025년 가을

최보심

차례

§ 머리글 2

§ ▲ 초보 돌봄(2023년 8월 28일 ~ 10월 12일) 7

§ ■ 얼치기 돌봄(2023년 10월 23일 ~ 10월 31일) 37

§ ● 돌아보며 돌봄(2023년 11월 6일 ~ 2024년 8월 27일) 49

초보 돌봄

(2023년 8월 28일 ~ 10월 12일)

§ 8월 28일(월, 비온 후 갬)

지구 열탕화 운운하더니 올 여름에는 비가 자주 온다. 큰 비는 아니어도 오락가락하다 잠시 그쳤다. 바람이 약간 불었다. 할머니를 처음 만난 날이다. 요양보호센터의 사회복지사 두 분과 함께 할머니 댁으로 갔다. 할머니는 키가 작고 단정하셨다. 참 곱다는 느낌이다. 집안도 깔끔했다.

1미터가 넘는 야자수와 키 큰 고무나무, 또 그 밑에 작은 여러 화분이 옹기종기 모여 있다. 현관문 위에 "나의 힘이 되신 여호와여 내가 주를 사랑 하나이다. 시편 18편 1절"이라고 적힌 액자가 있었다.

사회복지사 실장님이 소개해 주어 첫 인사를 나누었다.

"잘 부탁해요."

"안녕하세요? 잘 부탁드립니다."

"앞으로 나 부를 때 할머니, 어머니, 엄마, 선생님 모두 좋아요."

매일 낮 12시부터 3시까지 나는 요양보호사로 근무한다. 모든 관계는 나를 위해서 한다고 했는데, 앞으로 할머니와 관계가 기대된다. 코로나 시작 무렵 자격증을 따 활동을 준비했고, 거의 2년 만에 요양보호사 일을 하고 있다. 우리는 서로에게 동행자다. 물론 내가 받는 활동비 그 이상으로 할머니는 좋은 돌봄을 받아야 한다.

§ 8월 29일(화, 흐렸다 맑음)

할머니는 허리와 다리가 많이 불편하다. 장애 4등급을 받으셨다. 10여 걸음을 걷는 것도 힘들어 통증을 호소하신다. 식탁 바구니에는 약이 그득하다. 아침저녁으로 약을 드시는데, 정신이 맑으셔서 약 드시는 데는 문제 없다. 6월에 수술하셨고, 회복 약을 계속 드시는데 아직 차도가 없다. 나도 허리 수술하고 6개월은 꼼짝 못하고 집에 있었다.

할머니는 관절 약을 20년 넘게 드셨고, 틀니를 하셨다며, 통 입맛이 없다고 하신다. 그래서 국이 떨어지면 안 된다. 냉장고에 고기가 있어 미역국을 끓였다. 우리 집과는 방식이 다르게 냄비에 물과 고기를 넣고 오랫동안 끓여 육수를 낸다. 거품을 버리고 그 다음 미역, 국간장, 참기름, 맛을 내는 양념을 넣었다. 할머니가 옆에서 계속 싱겁게 하라신다. 맛을 보시더니 물을 더 붓고, 간장을 더 따라 넣고, 다시 물을 더 붓기를 세 번이나 반복했다. 앞으로 이런 훈련이 계속될 것 같다.

§ 9월 1일(금, 좋음)

할머니께서 허리 통증이 너무 심해 당신의 며느리랑 셋이 병원에 갔다. 며느님은 회사에 반가를 내고 왔다고 한다. 허리와 무릎 수술 전문병원이 가깝기는 해도 경사진

곳이 있어 나 혼자 휠체어를 미는 게 자신이 없었는데, 다행이다. 우리는 할머니를 태우고 번갈아 휠체어를 밀었다. 6월에 수술했는데, 차도가 없으니 그 답답한 심정은 오죽하실까?

진료 보기 전에 물 마시고 혈압을 쟀는데, 정상이다. 한참을 기다려서야 차례가 왔다. 의사 선생님은 사진을 보시더니 다른 수술을 더 권하셨다. 모두 묵묵부답이다. 통증을 감하는 시술을 받고 잠시 쉬었다 할머니 댁으로 돌아왔다.

부모님이 생각났다. 시어머니가 15일 모자라는 10년을 누워계시다 돌아가셨다. 그 사이 집안은 말이 아니었다. 시어머니가 편찮으실 때는 지금처럼 요양원이 없었다. 시아버지는 요양병원에 3년 계시다 소천하셨다. 그때는 내가 너무 어려 삶, 특히 늙음에 관해 아무 개념이 없었다. 당장 앞에 닥친 문제에 급급했고, 세상 욕망에 중독되어 살았다. 자녀교육에 조바심을 냈고, 자녀들에게 세상 성공만을 부추겼다. 자녀들이 세상에서 '갑'이 되어야 나도 덩달아 잘되고 행복할 줄 알았다. 먼저 사람이 되어야 한다고, 사람의 도리를 가르치고 훈육하지 않았다. 내 자신이 그러한 인격을 갖추지 못했으니 당연한 결과다. 내 욕심 따라 많은 걸 결정하였기에 잠깐 이긴 것 같으나 늘 지는 싸움이었다. 돌이켜보면 실수투성이다. 집안일은 큰시숙,

큰형님이 주로 결정했고, 우리는 일곱째라 늘 시키는 것만 했다.

§ 9월 4일(월, 맑음)

할머니가 입맛이 없다고 하셔서 혹시 새콤한 걸 드시면 입맛이 돌아올까 하여 새싹 장아찌와 도토리묵을 조금 가져갔다. 친정어머니가 주신 도토리 가루가 있어 묵을 쑤어 두었는데, 찰지고 부드러웠다. 새싹 장아찌가 새콤달콤해 기대했는데, 틀니 때문인지 할머니는 질기다며 장아찌는 도로 가져가라고 하신다. 다행히 도토리묵은 좋다고 하신다. 다음에도 묵을 쑤면 가져다 드리겠다고 약속했다. 할머니는 틀니를 뺄 때면,

"저기 봐…"

하신다. 그런 모습을 보이고 싶지 않기 때문이다. 정숙함을 보이고 싶은 심정을 충분히 이해한다. 일종의 배려이겠다. 사람이 할 수 있을 때까지는 교양을 지키는 게 좋은 것 같다.

할머니는 멀리 사는 조카하고 전화통화를 좋아하신다. 친구들과는 대부분 연락이 끊어졌고, 할머니께 전화하시는 분이 많지 않다고 하신다.

돌봄 일상이 비슷비슷하다. 진공청소기 돌리고, 물걸레

질하고, 설거지, 반찬 만들기, 걷기 운동, 너무 아프다고 하시는 호소를 들어드리는 것이 주요 일이다. 같이 찬송가를 부를 때도 있다. 당신을 위해서 기도해 달라는 말씀을 자주 하신다.

예전에 시아버지가 요양병원에 계실 때 의무적으로 매주 찾아뵈었다. 아이들이 할아버지와 함께 좋은 시간을 보내게 하는 생각을 못했다. 어차피 지나갈 시간이라면 서로 즐겁게 정을 나누었어야 할 것이다. 추억이 많은 사람이 부자라고 하지 않았던가. 가족이 함께한 추억이 없다. 내가 돌봐드리는 할머니가 슬프고 외롭다는 말을 하실 때마다 후회스럽다. 지금 내 나이 60이 넘어 두 며느리와 한 사위를 봐서 그런지 예전에 느끼지 못한 감정이 올라오곤 한다. 내가 이기적임을 직시하게 된다.

§ 9월 6일(수, 좋음)

며느님이 사온 포도가 여러 송이 있었다.

"포도가 남았으니 설탕을 넣어 포도청을 만들자. 아들이 좋아해."

나는 마트에 가느라 엘리베이터를 탔다. 엘리베이터 안 전자 광고판이 쉬지 않고 움직인다. 정치 이야기도 빨리 지나가고, 미국 야구와 영국 축구 소식도 나온다. 공룡 탐

험 이야기도 있다. 내가 그것까지 알아야 되는지 모르겠다. 에너지 낭비라는 생각이 든다. 정보 과잉인데 실질적인 정보는 없다.

마트에서 설탕 3키로, 된장국 끓일 호박과 두부와 파, 요구르트, 생수를 샀다. 포도를 씻어 물기를 빼고 켜켜이 설탕을 넣었다, 포도가 안 보일 때까지. 유리병 뚜껑을 닫고, 혹 벌레가 단내를 맡고 올까봐 달력 종이로 싸고 싸서 고무줄로 묶었다.

우리 집은 육수를 끓여 된장국을 끓이는데, 병에 멸치가루가 있으니 그걸로 된장국을 끓이라 하신다. 할머니는 맛을 보시더니 좋다고 하신다.

오후에 목욕을 했다. 처음 하는 거라 살짝 긴장되었다. 친정 엄마와 온천에 갔을 때 빼고는 남과 같이 한 적이 없다. 할머니는 옷을 벗고 화장실 욕조 위에 앉았고, 나도 젖을까봐 옷을 벗고, 팬티만 입고 물을 뿌렸다. 처음에는 미장원에서 쓰는 손 장갑이라도 껴야 하나 생각했지만, 할머니는 그냥 하라고 하신다. 머리부터 감겨드리고 차근차근 위에서부터 발바닥까지 비누칠하고, 바디 클렌저로 시야기를 하고(할머니는 마무리라는 뜻인 일본어 '시아게'를 '시야기'라고 하신다.), 물로 헹구었다. 할머니는 개운하다고 하셨지만 아직 나는 익숙하지 않아 서툴다.

§ 9월 8일(금, 이슬비)

"할머니, 할머니!"

할머니는 출입문 앞 복도에서 걷기 운동을 하고 계셨다. 집 안에 들어와 된장국에 식사하시고, 바로 신경 약을 드시고, 30분 후에 관절 약을 드신다. 오늘은 먹기 싫어서 아침을 거르셨다고 한다.

냉장고에 양파와 당근 상한 것이 있었다며, 엄청 화가 나 계셨다. 내가 미처 보지 못했기 때문이다. 내 집 살림처럼 아껴야 한다고 여러 말씀을 하신다.

"지난 번 요양보호사는 알뜰하고, 알아서 척척 했지."

칭찬을 많이 하신다. 쓴 소리 받아내는 게 실력이라는데, 아직 단 소리로 들리지 않는 것이 내 현실이다. 지난 번 요양보호사가 나보다 더 훌륭한 것은 인정하는데, 쓴 소리는 듣기 거북하다. 한다고 하는데, 쉽지 않다.

전기밥통에 밥을 하고, 밥통을 똑바로 놓아야 하는데, 각도가 약간 삐뚤어졌다고 또 지적하신다.

"밥통이 삐뚤어졌어. 반듯하게 놓아야 해."

나는 아주 당연하고 기본이 되는 사소한 것을 지나치는 습관이 있다. 이제는 잘 통과해야겠다.

§ 9월 15일(금, 흐리고 갬)

오늘은 할머니께서 병원에 가니 오지 말라고 하셨는데, 오전에 센터에서 평소처럼 가라는 연락이 왔다. 할머니는 통증을 완화해주는 병원이라고 엄청 기대하신다. 오후에 아드님이 와서 시내에 있는 통증의학과에 다녀오셨다. 허리 통증을 심하게 호소하기 때문이다. 할머니 가족들이 할머니를 위해 최선을 다하는 모습이다.

비가 온다는 예보가 있었는데, 내리지 않았다. 비가 오면 휠체어에 우산을 받쳐줄 사람이 필요하다. 아드님은 차라리 암은 일정 시간 지나면 낫는데, 돈은 돈대로 들고, 고생은 고생대로 하니, 최악인 것 같다고 한다. 막히는 시간이라 도착 시각이 지체되었고, 경사진 길이라 휠체어 운전이 어려웠다. 서류의 기본 사항은 아드님이 작성하고, 혈압을 재고, 엑스레이를 찍었다. 혈압은 정상이셨다.

저녁에 우리 집에서 교회 목장예배가 있어 거기까지만 지켜드리고, 지하철로 집에 돌아왔다.

§ 9월 18일(월, 흐림)

할머니 집에 도착하면 전화기를 열어 스마트 태그를 한 다음 손을 씻는다. 할머니는 손부터 씻으라고 강조하신다.

"손 씻고 올게요."

하고 안심시켜 드린 다음 방 청소를 한다. 진공청소기로 밀고 물걸레질을 한다. 내가 하는 것이 약해 보였는지,

"그렇게 살살하면 때가 져요?"

"때가 없어요. 그럼 얼마나 빡빡해야 돼요?"

날마다 하는데, 자국이 있으면 싹싹 지우고, 어지럽히는 아이도 없는데 왜 성화이실까? 무슨 때가 있을까? 사실 우리 집 청소는 일주일에 한두 번 한다. 지금은 자녀들이 없으니 화장실 청소도 그렇다. 굳이 필요성을 못 느낀다. 손님이 오면 한 번 더 하는 정도다. 그래도 말대답한 것이 마음에 걸렸다. 아직 더 훈련 받아야 하나보다.

§ 9월 19일(화, 맑고 솔솔 바람)

할머니가 점심을 드시고, 복도에서 왕복 운동을 하셨다. 이불빨래를 했다. 저번에 빨고, 2주 만이다. 나는 계절에 한 번 이불빨래를 하는데, 2주 만에 하니 엄청 깨끗해진 느낌이다. 할머니랑 같이 목욕했다. 샴푸로 머리 감고, 비누칠하고, 물로 헹구고, 다시 바디 클렌저로 몸을 닦고 헹군다. 손이 닿지 않은 등, 구부려지지 않는 발가락은 내가 해드린다. 좀 익숙해진 것 같다. 나는 샤워는 매일 하지 않아도 뒷물은 이틀에 한 번은 하는데, 그것은 어찌 해결하실까? 자궁은 성스러운 곳이고, 또 항상 청결해야 되는

걸로 알고 있는데...

목욕 마치고 새 옷으로 갈아 입으니 기분이 훨씬 개운해서 좋다고 하신다. 할머니는 바나나를 드시고, 나는 목이 말라 물을 마셨다. 이불을 안방에 둔 건조대에 널고, 요는 부엌 의자에 널었다.

§ 9월 20일(수, 장맛비)

비가 많이 내렸다. 가을장마라 쉼 없이 계속 왔다. 할머니는 이런 날이 더 싫다고 하신다. 아무래도 우울감이 드는 날씨다. 하늘이 뿌옇고 바깥이 어둡다. 몸이 불편하니 날씨 때문에 기분이 더 가라앉는 것 같다. 바람까지 부니 으스스하고 찬기가 돈다. 창문을 꼭 닫았다. 나는 집에서 찐 고구마 세 개를 가져왔다.

"아직 온기가 있으니 따뜻할 때 드세요."

할머니는 한 개 드시며 뻑뻑하다고 물에 찍어 드셨다. 신생아는 물이 90%이고, 80세가 넘으면 50%라는 말이 실감났다. 할머니 피부도 많이 쭈글쭈글하다.

할머니랑 TV로 기독교 방송을 봤다. 장애인올림픽에서 금메달을 딴 선수 이야기이다. 보석 세공사였는데, 우연한 기회에 탁구를 하게 되었고, 신앙의 힘으로 더 열심히 하게 되었단다. 초등학교 1학년 딸이 어떻게 공부하나 보러

학교에 갔는데, 아이들이 아빠 걸음걸이를 놀렸다. 운동회 때 아빠와 이어달리기가 있었는데, 딸아이가 당황했다고 한다. 그런 결핍이 오히려 성장의 기회가 되었고, 자녀들을 생각하며 장애와 상처를 극복했단다. 자녀들도 탁구 국가 대표 선수로 키웠다. 여기에 신앙이 절대적이라고 이야기한다. 그걸 보시며 할머니께서,

"난 한 거 없이 시간만 갔어. 이렇게 늙었고..."

"왜 할머니가 하신 게 없어요? 네 자녀 모두 훌륭하게 키우셨고, 손자 손녀가 여섯 명이나 되잖아요. 천국 가서 하나님 앞에 서면 엄청 칭찬 듣겠어요."

"그럴까..."

하며 웃으신다.

§ 9월 21일(목, 맑음)

시내에서 일을 보느라 평소보다 15분 늦었다. 청소와 설거지를 하고, 할머니랑 은행에 갔다. 쉬엄쉬엄 걸어갈 생각으로 충분한 시간을 두어 집을 나섰다. 중간에 둥근 나무 의자가 있어 좀 쉬었다. 은행 창구 앞에 대기하는 사람이 없는데, 잠시 헷갈리셨는지 할머니는 직원에게,

"왜 이렇게 늦어!"

"연령층이 높아서 다른 은행보다 창구 시간이 더 걸려요. 어르

신들이 비밀번호를 잊은 경우가 있어요."

직원이 정리한 통장을 받고, 할머니는 돈이 적다고 하신다.

은행 일 마치고 마트에서 사과, 상추, 고구마, 요구르트를 샀다. 집으로 돌아오며 할머니는,

"자주 나오자. 집 안보다 좋아."

늘 집에서 지내시다 바깥에 나오니 여러모로 기분 전환이 되신 모양이다. 집에 돌아와 사과와 바나나를 갈아서 한 컵을 드렸다. 모처럼 맛있다고 하신다.

§ 9월 22일(금, 맑음)

빨래를 하며 어렵게 탈수를 마쳤다. 세탁기가 오래되어 빨래가 자꾸 엉킨다. 그러면 탈수가 정지되고, 다시 잘 펴서 놓으면 돌아간다. 세 번을 되풀이했다. 세탁기가 걱정이다. 할머니는,

"피죤을 꼭 써야 해. 왜 피죤을 안 쓰지?"

우리 집은 피죤을 안 쓰니, 자꾸 빠트린다. 할머니는 피죤을 권하시는데, 내가 습관이 안 되어 그렇다. 빨래를 널 때마다 탈탈 털어 널라고 하신다. 여성들이 빨래를 탈탈 털며 화풀이를 한다는 말이 떠올랐다.

방 청소를 마치고 설거지를 했다. 바닥에 밥풀이 떨어져 눌러 붙었다. 화장실에 있는 수세미를 가져와 닦고 걸레로

훔쳤다. 부엌에서 쓰는 고무장갑을 그대로 끼고 했더니, 할머니가 이를 보고 야단치신다.

"화장실에서 쓰는 고무장갑이 따로 있고, 부엌에서 쓰는 게 따로 있는데, 왜 부엌 장갑을 화장실에서 써요? 내 집 일처럼 해야지?"

"잘못했어요. 제가 깜빡 잊었어요."

개념 없이 일을 막 할 때가 있어 큰일이다. 작고 사소한 기본을 잊어버린다.

어제 사온 고구마를 냄비에 올려놓고, 멸치 똥을 뗐다. 할머니는 나를 도와준다며 식탁에 앉으셨다. 멸치 가루가 병에 있는데, 그걸로 하면 맛이 안 나니 육수를 내자고 하셨다. 다 익은 고구마를 꺼내고 그 냄비에 멸치, 양파, 무, 양념, 파를 넣고 계속 끓였다. 국 멸치가 오래되어 비린내가 나서 프라이팬에 볶았다.

"전부 다 볶아요?"

"아니. 반만 해도 돼."

봉지의 절반을 넣고 볶으려는데, 안 되겠다고 생각하셨는지 다시 부엌에 오셔서,

"전부 다 볶자고."

예전에도 그런 적이 있어 할머니를 이해한다. 당신 손때가 묻은 살림살이고, 음식 간도 보고, 상관도 하고 싶을

것이다. 아직 할머니 입맛에 맞게 살림을 하는 게 어렵다. 참 딱할 노릇이다.

§ 9월 23일(토, 맑음)

맑고 청명한 가을 날씨다. 이불빨래가 잘 마르겠다. 화분 받침대 한 개와 뿌리는 파리약 한 개를 가져왔다. 집에서 쓰던 것이다. 어제 날파리가 보였다. 동백의 여린 잎이 쓰러져 있어 지지대로 세워 주었다.

토요일은 아침 9시에 할머니 댁에 온다. 할머니는 어젯밤 꿈에 지팡이 없이 걸었다며 신나셨다. 아파트 마당 앞까지 지팡이를 짚고 걸었다. 적당히 쉴 공간이 없어 다시 올라오셨다. 할머니는,

"내가 이렇게 될지 어떻게 생각이나 했겠어?"

인생이 이론대로 되는 것은 아니다. 달걀프라이와 떡갈비로 점심밥을 잡수고, 약을 드셨다. 약 드실 때는 틀니에 걸린다며 틀니를 빼신다.

이제 여름이 지났으니 선풍기를 씻어 보관하려는데, 우리 집 선풍기와 달라 돌아가는 팬을 꺼낼 수 없었다.

§ 9월 25일(월, 흐리고 비)

어제 며느님이 와서 선풍기를 해체하고 깨끗이 씻어 놓

았다. 고마워하며 선풍기를 잘 싸서 작은 방에 두었다. 할머니는,

"내년 여름에 쓰게 될지 모르겠어..."

점심을 드시고, 아드님이 와서 함께 할머니를 모시고 병원에 갔다. 관절 약을 타고, 통증을 줄이는 방법이 있는지 여쭤보겠다고 하셨다. 의사 선생님은 수술을 권하셨고, 아드님은 더 생각해 보겠단다. 할머니는,

"너무 아파 지옥을 살고 있어." 아드님은,

"지금 우리 모두가 지옥을 살고 있어요."

참 안타깝다. 같은 공간, 같은 세상을 사는데 아프면 지옥이다. 요양보호사는 감사드려야 할 직업 같다. 물론 힘들 때도 있지만 할머니를 만나고, 병원에 올 때마다 건강하다는 것은 정말 감사드릴 일이다. 돌봄을 받는 것보다, 건강해서 돌볼 수 있다는 게 감사다. 지금 할머니는 어찌할 수 없는 한계 상황에 부딪힌 것 같다.

약국에서 약을 짓고, 집으로 돌아와 사과주스를 만들어 드리고, 연휴 때 못 온다고 미리 말씀드렸다.

§ 9월 26일(화, 하루 종일 비)

마트에 가서 무, 배추, 당근, 달걀, 우유를 사와서 물김치를 담았다. 무와 노란 알배추를 소금에 절였다. 물은 끓

여서 식혔다. 할머니는 계속 말씀하신다.

"마트에 사람이 많어? 간은 짜겁게 하면 안 돼. 물을 식힐 땐 싱크대 하수구를 막고 물을 받아 냄비에 식혀야 해. 배추가 많은데 한 개를 남기면 뭐 하겠어? 그냥 해. 고구마를 먹을 때는 물김치를 꼭 먹어야 해."

할머니와 보내는 시간은 확실히 색다른 여행이다. 하는 일이 제대로 안 되어도, 일상이 느릿느릿 가도, 전혀 바쁘지 않다. 모처럼 조카와 전화를 오래 하신다.

"지난번에는 무만으로 물김치를 담으니 고춧가루가 필요 없었는데, 오늘은 배추가 많으니 고춧가루를 넣어야지. 냉동실 까만 봉지가 고춧가루야."

고춧가루를 넣고 배추 물김치를 담았다. 할머니가 간을 보셨다.

집안이 환해졌다. 지난 토요일 오후, 주택공사에서 무료로 형광등, 작은 등 일곱 개를 전부 교체해 주어서다. 우리나라 좋은 나라다.

§ 9월 27일(수, 비가 내리다 그침)

마트에 가서 카레가루를 사와 집에 있는 재료를 넣고 카레밥을 만들었다. 감자와 당근을 싹둑싹둑 썰라고 하신다. 할머니는 요리할 때면 좋아하시고, 눈이 반짝인다. 이것저

것 말하는 걸 재미있어 하신다.

"내가 예전에 카레를 좋아하고 많이 먹었지. 몇 달 만에 먹는 거 같애."

미리 할 걸, 할머니께 죄송했다. 점심을 마치고, 목욕을 시켜드렸다. 한여름이 아니어서 따뜻한 물로 했다. 내 몸처럼 한다는 게 쉬운 일이 아니다. 아직 익숙하지 않아서, 온몸 구석구석을 씻어드려야 하는데, 얼른 다가서지 못하고 있다. 계속하면 나아지려나… 목욕을 마치면 할머니는 고맙다는 말을 꼭 하신다. 과연 내가 고맙다는 말을 들어도 되나? 목욕하고 사과와 바나나로 주스를 만들어 드렸다. 할머니는 달달해 좋다며,

"이렇게 아파서 나 죽겠어. 손톱만큼이라도 어제보다 나아야 되는데, 더 아파. 사는 재미가 없어. 통증만 없으면 살겠어. 약 먹는 것도 아무 소용 없어. 이번 추석에 아들네에 가기 싫어. 내 모습을 누가 좋아하겠어. 요양원도 별로 안 좋대. 똥 싸는 사람도 있대. 아파도 의사가 고쳐주는 거 아니래. 안 가는 게 좋겠지, 선생님?"

"아파서 걱정이네요. 왜 차도가 없을까요? 그렇다고 약을 안 드실 수도 없잖아요? 할머니를 가장 사랑하는 사람은 아드님이고, 할머니를 위해 돈 쓰는 사람도 아드님이잖아요. 아드님 말을 들으세요. 할머니, 내일부터 추석 연휴니까 제가 못

와요. 다음 주 월요일에 올게요."

안녕히 계시라고 인사를 드렸지만 꼭 도망나오는 기분이었다.

§ 10월 2일(월, 매우 맑음)

'긴 연휴 동안 어떻게 재미있게 지내셨을까? 아드님 댁에는 다녀오셨을까?'

하는 약간 기대감을 갖고 할머니를 찾아뵈었다. 허리와 다리가 아파 아드님네에 못 가시고, 댁에서 아들, 며느리, 딸, 사위를 맞으셨단다. 추석을 외롭고 쓸쓸히 보내는 노인이 많다고 하지만, 할머니가 일상을 잘 사셔서 자녀분들이 모두 찾아왔을 것이다. 할머니께서 집안 질서를 잘 지키셨기 때문이다.

할머니의 건강이 갈수록 안 좋아지고 있어 걱정이다. 전에는 집 바깥에서 운동 삼아 복도 걷기를 하셨는데, 지금은 집 안에서만 움직이신다.

식사를 간단히 차려드렸다. 가족들이 추석 음식으로 해온 나물, 불고기, 전을 드시기 좋게 자그마하게 잘라드렸다. 음식을 잘게 자르는 것이 꼭 소꿉장난 하는 거 같다. 입맛이 없다며 숟가락을 놓으신다.

며칠 밀린 빨래와 방 청소를 했다. 이번에 큰따님이 관절에 좋은 약을 60만 원이나 주고 사왔다며, 돈을 함부로 쓴다고 나무랐다고 하신다. 한편으로 좋으신가보다. 자랑하고 싶은 할머니의 두 가지 감정이다.

침대 위치가 바뀌었다. 침대에 요와 이불을 깔아 놓았는데, 사람이 움직이니까 요가 자꾸 밑으로 밀려 내려온다. 그게 짜증나고 불편하다고 하셔서 사위가 위치를 바꾸었다고 한다.

"아무리 생각해도, 허리가 더 아픈 이유가 침대 위치를 바꾼 거 때문이야. 다시 원 위치로 돌려놓아야지."

나 혼자 할 수 없어 관리사무소에 가서 전후 사정을 이야기하고 부탁드렸다. 흔쾌히 두 분이 오셔서 무거운 침대를 바꿔 놓으셨다. 계절이 겨울을 향하고 있으니 전기 담요를 꺼내 깔아드렸다.

"어떻게 그걸 생각했어. 아주 잘했어."

이왕 부탁드리는 바에야 이불도 바깥에 가져가 털어달라고 했다. 내가 하면 할머니가 시덥지 않게 여기시니까. 모두 마치고 집에 있는 요구르트를 드렸다. 할머니가 시킨대로 막걸리 두 병과 과자를 아저씨들께 사다드리니 좋아하신다.

할머니는 며칠 전까지만 해도 화장실 출입이 자유로웠는데, 힘이 든다고 하신다. 내가 할머니를 제대로 돌봐드리지 못해 그런가 싶어 죄송하다.

§ 10월 4일(수, 저녁에 비)

오전에 요양보호센터에서 보호자가 원하니 할머니의 돌봄 시간을 6시까지 연장해 달라는 요청이 왔다. 할머니 건강이 급격히 나빠지셨기 때문이라고 한다. 할머니 혼자 화장실을 거뜬히 출입하시고, 복도를 오가며 걷기를 하셨는데, 이제는 잘 안 되신다고 한다. 가족 모두가 걱정이겠다. 우리 시어머니와 시아버지를 겪어봐서 그런지 안타까운 마음이 강하게 든다.

할머니는 뚝배기 불고기에 점심을 드셨다. 마침 요양보호센터의 사회복지사님이 직접 농사지은 햅쌀을 가져오고, 몇 가지 모니터링을 했다. 여기 오기 전에 요양병원에 접수해두었다고 한다. 센터에서는 보호자의 결정에 따를 것이므로 차분히 잘 알아보고 결정하시라고 할머니께 전해드리고, 돌아갔다.

"이런저런 안 좋은 이야기를 생각하면 앞으로 가서 살 일이 걱정이야."

"모든 일에 때가 있다고 했는데, 요양병원에 갈 때가 되면 가셔야죠. 거기도 사람 사는 곳이고, 친구도 사귀고 오히려 혼자 계신 것보다 더 좋을 수도 있어요. 또 끼니 때마다 식사가 잘 나올 거예요."

"그렇겠지. 그런데 너무 아파. 다리가 굳어져..."

이불빨래를 하고 맨손 체조 중 몇 가지를 하시게 했다. 머리 돌리기, 손바닥 마주치기, 손을 좌우 앞뒤로 나란히 하기, 의자에 앉아 다리 뻗기를 어렵게 하셨다. 할머니는 트림을 하셨고, 속이 편하다고 하셨다. 저녁식사는 미역국에 갈치조림, 동그라랑땡, 물김치에 드셨다. 저녁에 따님이 와서 잔다고 하신다.

§ 10월 5일(목, 맑음)

요양보호센터에서 연락이 왔다. 내일은 할머니랑 따님이 요양병원 다녀온다고 오지 말라고 한다. 일이 빨리 진행되나 보다. 걷지 못하는 어머니를 홀로 지내게 할 수는 없을 것이다. 따님도 자기 일이 있는데, 함께 지내는 것도 쉽지 않을 것이다.

내일 할머니가 외출하신다고 하니 목욕에 더욱 신경이 쓰인다. 추워서 화장실문을 닫고 따뜻한 물로 머리부터 감겨드렸다. 목, 등, 겨드랑이, 가슴, 사타구니, 허벅지, 엉덩이, 발바닥까지 비누칠을 해서 씻어드렸다. 할머니 말씀대로 바디 클렌저로 시야기를 해드렸다. 이제 나도 제법 익숙해졌다. 새 옷으로 갈아입고, 따끈한 우유를 드셨다.

마트에 가서 우유와 상추를 사왔다. 할머니는 반찬 중에서 상추 겉절이를 참 좋아하신다.

"통증만 없으면 요양병원에 갈 필요 없는데. 나 요양병원 가서 잘 적응할 수 있을까? 거기서는 반찬 짜겁다 싱겁다 말하면 안 되지? 사람들하고 친구를 잘 사귀어야지? 가서 병 고치고 이 집으로 다시 돌아올 수 있을까?"

"그럼요. 모두 형편이 각각이니 건강하게 돌아오는 분도 많죠. 서로 비슷한 처지니까 금방 친구가 될 수 있어요."

할머니는 어제처럼 요가를 하고 방 안에서 걷는 연습도 했으나, 힘이 없다. 더 가라앉는 느낌이다.

§ 10월 6일(금, 맑음)

갑자기 일정이 바뀌어 할머니 댁에 가게 되었다. 요양보호센터에서 평소대로 가라는 연락이 왔다. 할머니를 모시고 큰따님과 함께 새마을금고에 갔다. 할머니는 저금한 돈을 그대로 큰따님에게 이체시키는 걸 동의하셨다. 할머니는 따님과 3일간 지내시며, 마음을 바꾸어 요양병원에 가시지 않고 수술을 결정한 것이다. 그래서 수술비용을 위해 할머니의 저금을 큰따님에게 넘긴 것이다.

다음 주 화요일에 수술하기로 결정하니, 이것저것 준비해야 할 것이 많았다. 피검사, 소변검사, 엑스레이와 CT

촬영을 했는데, 검사만 열 가지가 넘었다. 또 수술 일정이 잡히니 여기저기에 연락해야 했다. 나도 화요일과 수요일은 아침 8시부터 하루종일 근무하기로 했다. 수술 전은 예민한 상황이니 일하던 사람이 맡는 것이 좋다고 큰따님이 부탁했기 때문이다. 돈을 받으니, 돈에 순종하는 것도 있지만 진심으로 할머니가 낫기를 바라고 기도했다.

댁에 돌아오신 할머니는 소변이 마렵다고 하신다. 마취가 안 깨어 걸을 수 없는 상태이나, 그렇다고 할머니의 깔끔한 성품에 함부로 소변을 볼 수도 없다. 세숫대야를 받칠까 옥신각신하다 겨우 화장실에 가셨다. 할머니의 정신력이 놀랍다.

§ 10월 7일(토, 맑음)

집안이 온통 파스 냄새로 진동한다. 파스를 붙이고, 그 위와 옆에 연고를 발라 드려서다. 통증이 심할 때는 파스를 붙여야 가라앉는다. 어제는 종일 휠체어에 앉아계셨는데, 오늘은 집 안에서 왔다갔다 반복하신다. 할머니께 포도와 밥맛 나는 약을 며느님이 사왔다. 어묵을 좋아하셔서 맛있게 볶았다. 며느님은 내일 다시 오겠다며 돌아갔다.

할머니는 나더러 입을 벌려 보라며 포도 한 알 넣어 주셨다. 여러 가지 생각을 했다. 가족 누구와 정을 나누고 싶은 걸까? 가족을 보듬고, 토닥이며 사는 것보다 더 중요한 게 있을까? 가족들과 함께 할 수 없어 지금 가장 가까이 있는 나를 생각하실까?

내 생각과 판단으로 남을 용납하고 이해하는 데 인색하고 주저했던 지난날이 한없이 부끄럽다. 옳고 그름의 잣대로 내게 붙여준 가족들마저 판단하고 멀리했고, 가족을 사랑하지 못했다. 친정이 넉넉하지 못한 이유는 아버지가 능력이 없어서라고 원망했고, 공부 잘하는 자녀를 편애했고, 내 말 안 듣는다고 얼마나 나무랐던가. 왜 이 진리를 지금에서야 깨닫는지 모르겠다.

§ 10월 9일(월, 흐리고 가끔 비)

할머니를 미장원에 모시고 가서 머리를 조금 잘라드렸다. 병원에 계시면 머리를 다듬기 어려울 것 같다. 할머니가 삼계탕을 드시고 싶다고 하셔서 삼계탕을 끓였다. 마트에서 닭, 황기, 인삼을 조금 샀다. 오가피, 황기와 육수를 낼 재료를 먼저 넣고 끓이다 닭과 찹쌀을 넣었다. 한 시간 이상 고았다. 삼계탕이 끓는 동안 조금 익숙한 솜씨로 목욕을 시켜드렸다.

'내가 남의 도움을 받아서 목욕할 때가 있을까? 이런 훈련은 언제쯤 끝날까? 끝까지 잘할 수 있을까? 내가 시부모님을

안 겪어서 지금 하고 있는 걸까?'

여러 생각을 했다. 할머니는 열흘 전부터 머리를 좀 다듬어야 한다고 하셨다. 짧은 내 머리를 보면서 또 말씀하시는데, 뾰족한 수가 없다. 베란다 화분에 물을 주었다. 물을 줄 때 기분이 참 좋다. 줄 것만 있는 인생이 된 거 같아서다.

간마늘을 넣으니 삼계탕 색깔이 뿌옇다. 맛은 있지만 색깔이 탁하니 영 아닌 거 같다. 할머니가 자꾸 먹으라고 하셔서 조금 먹었다.

"내일 입원할 생각하니 조금 두려워. 잘 되겠지. 기도 많이 해 줘. 그럼 통증은 이제 없어지는 거잖아."

"그럼요. 아무 걱정 안 하셔도 돼요. 전처럼 일상이 회복되시면 아주 좋고 재미있게 사실 거예요. 의사 선생님이 다 알아서 잘해주세요. 2주 입원하면 돼요."

식사하시다가도 통증이 오면 침대로 가시고, 곧 진정되면 오신다. 밥을 한 번에 먹기 힘들어 하신다. 집 안에서 걷기 운동을 할 때도 걸었다 쉬었다 반복하신다. 다리에 힘주는 걸 잊지 않게 해 드리고, 좋아하시는 찬송가를 같이 불렀다. 내가 다니는 교회에 중보기도를 부탁했다. 오직 은혜를 구하는 마음뿐이다.

§ 10월 10일(화, 화창함)

허리 수술을 위해 병원에 입원하는 날이다. 보호자의 요청으로 아침 일찍 설렘 반 기대 반으로 할머니 댁에 갔다. 약을 드시기 위해 아침밥을 드셨다. 먹고 싶지 않다고 하셨지만 억지로 드셨다. 입맛이 없으니 맛난 음식이 무용지물이다. 괜히 돈만 쓰는 거 같지만 안 할 수도 없다.

어제 한 빨래가 말라서 착착 개었다. 할머니는 바지는 통이 넓으니 넓게 개고, 수건은 옆으로 개라고 하신다. 여전히 통증을 호소하시는데, 당신 생각은 변함없다. 눈에 보이는 것은 반듯하고 정확해야 한다. 내의가 커서 양쪽 가를 꿰매었는데, 배가 나와 좁다고 하셔서 꿰맨 실밥을 풀었다. 그 내의 대신 어제 빨래한 속옷을 입으셨다. 체크무늬 셔츠가 따뜻한데 단추가 많아서 불편하고, 청색 반소매 셔츠는 편한데 팔 길이가 짧아 춥다. 이 옷 저 옷 고르시는 할머니의 행동에 신경이 쓰인다. 내가 권했을 때는 싫다고 하셨다가 다시 그 옷을 찾으시니 맥이 빠진다. 일이 힘든 게 아니라 받아내는 게 힘든 것이겠다.

근사한 외출복을 입고 미인인 막내따님과 함께 병원에 도착했다. 병원에서 MRI를 찍고, 코로나 검사를 하고, 입원수속을 했다. 다행히 병실에 간병인이 있었다. 나는 빛진 마음으로 휠체어를 밀고 다녔다. 내가 입원하고 수술했을 때 여러 사람의 도움을 받았는데, 지금은 도움을 줄 수 있어 다행이다. 할머니의 수술은 잘될 것이다.

작년 2월 우리 큰며느리도 자궁근종으로 수술하고, 입원한 적이 있다. 가족이 입원해 수술하는 것은 큰 사건이다. 남들이 하는 것은 지나칠 수 있지만, 가족이면 더 진심이 우러난다. 얼마나 아팠을까? 평소에도 몸이 약해 보였는데, 나는 나중에야 이 일을 알았으니, 얼마나 불편한 시어머니인가를 반성한다.

대학 동기생의 시아버지가 돌아가셨다는 카톡이 왔다. 88세인데 요양병원에 1년 정도 계셨다. 일 끝나고 동기 네 명과 함께 강화도의 빈소에 갔다. 식사하면서 이런저런 이야기를 나누었다. 이제는 죽음이 낯설지 않다. 죽음을 내 주변 가까이서 느낀다.

§ 10월 12일(목, 기분 좋게 맑음)

할머니를 문안하러 병원에 갔다. 평소 좋아하시던 저지방 우유를 샀다. 8층에서 6층으로 옮기셨다. 얼굴은 붓기가 다 빠지고 핼쑥하셨다. 침대에 누워 링거를 맞고 계셨다. 바로 알아보고 반가워하셨다. 당연히 힘도 없으시겠지만 내 손을 계속 만지셨다. 수술은 잘 되었다. 내가 허리 수술로 입원했던 모습이 떠올랐다.

'나 역시 저런 때가 있었는데…'

의사 선생님은 물론이고 가족들과 간호사의 도움을 받았는데, 지금 할머니에게 아무 도움을 줄 수 없다. 2주 후에 퇴원하신다고 하시는데, 그때 상황이 어떻게 될지 모르겠다. 회복 속도가 좋고, 통증도 없고, 허리와 다리가 좋아져 집에서 재활할 수 있다면 더없이 좋겠다.

어느 시인은 인생을 소풍에 비유했다, 소풍 왔다 가는 거라고. 할머니는 소풍 오셔서 가장 의미가 있는 일을 하셨다. 네 자녀 모두 훌륭하게 키우셨고, 손주가 여섯 명이다. 그 대가로 육신이 쇠하여 이제 수술 받고 회복하는 시간을 갖는다.

사람은 필히 누군가의 돌봄으로 양육되고 성장한다. 또 그렇게 다음 세대가 이어지고 계속된다. 지금은 의술이 발달하여 80이 넘은 고령자도 수술 받고, 회복하는 것이 다반사가 되었다. 참 감사드릴 일이다. 이제 할머니와 동행은 여기까지다.

얼치기 돌봄

(2023년 10월 23일 ~ 10월 31일)

§ 10월 23일(월, 맑음)

할아버지는 몸집이 크신 편이다. 지금은 얼굴이 많이 상하셨지만 젊어서는 참 근사하셨을 것이다. 눈은 녹내장 때문에 평상시 감고 계신다. 성한 치아가 몇 개 되지 않은데, 틀니는 안 하셨다. 코가 높고, 잘생기셨다. 신장이 안 좋아 오줌주머니를 차고 다니신다.

할머니는 완전 은발이시다. 파마를 굵게 해서 곱실곱실 보기 좋다. 양쪽 눈이 또렷하시고, 얼굴 윤곽도 확실하다. 체구는 작지만 얼굴은 큰 편이다. 할머니의 인지 능력은 정확하나 말씀하실 때 얼굴이 움직인다. 약간 떨림이 있다. 허리에 보조기를 차고 계신다. 주름이 할아버지보다 더 많으시다. 잔주름 하나하나에 많은 사연이 있을 것이다.

할아버지 댁에 처음 갔을 때 시골 분위기가 났다. 도자기 몇 개가 포개져 있는데, 마치 된장 냄새 같기도 했다. 냉장고 위에는 김치 통이 여러 개 있는 것을 보면 예전에 큰살림을 하신 것 같다. 할머니가,

"우리 셋이 화투 하자."

화투는 옛날 내 기억을 떠올린다. 40여 년 전 친정어머니는 고향에서 화투로 먹고 살았다. 무책임한 아버지 대신 유별난 기술이 없는 엄마가 할 수 있는 일은 별로 없었다. 일수를 해서 목돈 모으고, 방을 구해 화투판을 열었다. 그

러면 좀 남는 게 있으니까. 남동생이 결혼하고 조카가 태어날 때까지 했다. 이사를 몇 번 다니며 오랫동안 했다. 액수는 적었지만 누군가 신고해 경찰이 온 적도 있었다.

엄마도 힘들었지만 그 당시 내 기분은 처참했다. 내가 알고 배운 것과는 전혀 달랐으니. 그나마 노름판을 출입하는 사람이 패가망신한다는 신세는 면하였다. 지금도 그분들과 어울려 식사하고 교제하신다. 그때 손해 본 분들께 참 미안한 일이다. 남편도 말은 하지 않지만 속으로 이런 처지를 무시했을 것이다, 너무나 보잘것없는 처갓집이니. 그 화투가 이곳에서는 할아버지가 숫자를 계산하는 데 쓰인다. 인지능력에도 도움 된다며 화투를 즐기신다. 화투와 함께 작은 통에는 10원짜리가 가득하다. 그냥하면 재미없으니 최소한 여건을 갖추어 10원짜리 판을 하셨다.

저녁상을 물리고, 할머니가 할아버지께 세수와 양치를 시켜드리는 모습이 정말 아름다워 보였다. 평생을 해로하고, 보듬는 노부부의 마지막 모습이겠다. 영화 '님아! 그 강을 건너지 마오'의 한 장면 같다.

§ 10월 24일(화, 흐림)

할머니는 허리가 편찮으시어 겨우 걷고 산책을 하신다. 복대를 자주 하신다. 오후에 할아버지랑 셋이 동네 한 바퀴를 걸어 돈다. 할아버지는 오른손에 지팡이 짚고, 왼손으로 내 손을 잡는다. 할머니는 실버카를 밀고 뒤따라오신다. 앞에 갈 때도 있다. 한참 걷다가 의자가 두 개 있는 곳에서 앉아 한숨 돌린다. 여름 바람보다 차졌다고 해도 아직 춥지는 않다. 그래도 할아버지는 목도리, 모자, 마스크를 다 챙기셨다. 감기에 걸리면 안 되니까.

집에 들어와 손을 씻고 간식을 드셨다. 숟가락으로 홍시를 떠 잡수고, 영양제도 드셨다. 그리고 10원짜리 민화투를 시작한다. 유일한 오락이면서 셈연습을 통해 인지능력 저하를 예방하시니 일석삼조이다. 할아버지는 자꾸 주무시려고 한다. 할머니는 할아버지의 선생님 시절을 떠올리며 몹시 안타까워하신다. 얼마나 서글프실까?

그때 할아버지는 누구보다도 강한 책임감으로 열심히 사셨을 것이다. 그 힘든 일을 마치고 지금은 피할 수 없는 질병에 사로잡혀 있으니 얼마나 답답하실까?

식사 후 두 분이 양치하는 모습이 정겹다. 할머니는,

"시키는 일은 별로 없으니, 요양보호사가 집안일을 깨끗이 해야 해. 예전 요양보호사가 집안을 깨끗이 하지 않았어."

나에게 하시는 말 같기도 하다.

"필요한 거 말씀해 주세요."

알아서 일하는 게 더 어려운 거 같다.

§ 10월 25일(수, 맑음)

아들 친구네에서 보내준 밤을 삶아 할아버지 댁에 조금 갖다드렸다.

"고마워, 근데 이런 거 자꾸 가져오지 마. 부담스러워."

"산 것이 아니라 시골서 누가 보냈어요."

할머니는 할아버지 간식으로 비타민 음료와 연시를 사오라고 하셨다. 동네의 약국 두 곳을 들러서야 비타민 음료를 살 수 있었다. 작은 네거리를 건너며 외국인 노동자를 봤다. 앞으로 이분들을 자주 볼 것 같다.

병원 간병인은 조선족 출신이 많다고 들었다. 가정부도 이들로 채워진다고 한다. 아직 요양보호사로 활동하는 수는 적은 것 같다. 이들의 언어가 힘이 되어 앞으로 이들의 수는 늘 것이다.

문득 옛날 생각이 났다. 막 결혼해서 외국에 2년간 산 적이 있었다. 남편은 유학생이었지만 때로는 그 나라의 외국인 노동자이기도 했다. 앞선 학문을 더욱 배우려고 했으니... 실제로 남편은 건물청소를 했다. 건물의 빵집이 전날 만든 빵을 내놓으면 집에 가져와 먹었다. 그날 만든 빵은 그날 소비해야 하는데, 미처 팔지 못한 것이다. 지금은 우리나라의 학문과 기술을 배우고자 외국에서 사람들이 들어오기도 한다. 배우고 받는 처지에서 필요한 것을 주는 입장으로 바뀌었다. 좋은 것을 많이 나누고 가르쳐주면 좋겠다. 서로 다른 것이 많지만 함께 어울려 살아야하는 것도 잊지 말아야 할 것이다. 서로 잘 먹고, 잘 살자는 공통분모가 있지 않은가.

산책과 민화투를 하고, 저녁식사로 할아버지는 잣죽을, 할머니는 밥을 드셨다.

§ 10월 26일(목, 흐림)

"할아버지, 할아버지!"

주무시는 할아버지를 흔들어 깨웠다. 너무 오래 자면 안 된다. 영양 음료를 빨대로 드시고, 바지랑 웃옷을 입혀 드렸다. 할아버지는 내 손을 꼭 잡고 산책하신다. 할아버지 손은 따뜻하다. 산책하면서 친정아버지를 생각한다.

친정아버지는 자수성가하셨다. 너무나 가난한 가정에서 태어나 고학으로 대학을 나오셨다. 아버지가 대학 다닐 때는 모두가 어려웠다. 그 시대는 온 나라가 가난했다. 극심한 가난 속에서 공부를 해야 하니, 그때 맞은 어려움과 슬픔과 두려움을 술로 풀었다. 얼마나 버거웠을까? 대학 생활 중 6 · 25가 일어나자 학도의용군으로 참전했다. 그 일로 최근 보훈부로부터 상패와 훈장을 친정어머니가 받았다.

큰엄마는 아버지와 결혼하여 아들 셋을 낳고, 병으로 돌아가셨다. 아버지는 친정어머니와 재혼하여 나와 남동생을 봤다. 후처로 들어선 어머니는 처녀이기도 했고, 아버지와 나이 차이도 많았고, 사사건건 아버지와 부딪혔다. 두 분의 갈등 상황이 잦았다.

어려서부터 나는 아버지를 많이도 미워했다. 우리 집이 불행하게 된 것은 아버지 때문이라고, 술주사가 심한 아버지가 원인 제공자라고 믿었다. 내가 대학을 다니며 아버지를 잘 모실 수 있을 것 같아 함께 생활한 적도 있다. 큰오빠와 새언니에게도 아버지를 잘 모시고 살겠다고 했으나, 결국 제대로 모시지도 못했다. 아버지는 쓸쓸히 홀로 돌아가셨다. 큰오빠에게 죄송하다는 말 한마디로 용서가 될까? 내가 얼마나 이기적이었고, 철이 없었는지를 보여준 것이다. 나야말로 위선적이며 가증스러웠다. 오빠들과 남동생도 울타리가 되어주지 못한 부모님이 싫었을 것이다. 세상이 두렵고 불안했을 텐데, 전혀 오빠들과 동생의 처지를 생각하지 못했다. 아버지를 모시지 못한 것을 속죄하는 마음으로 요양보호사 일에 임하고 있다. 이렇게라도 할 수 있어 감사드린다.

§ 10월 27일(금, 흐렸다 맑음)

할머니는 5일간 벼르시다 말씀하셨다.

"앞으로 계속해서 우리 집에 일 다닐 생각이면 우리 집 양반한테 어르신이라고 불러요. 나는 할아버지라고 부르는 사람 처음 봤어요. 교육할 때 뭐라고 부르는지 안 가르쳐요?"

할머니는 단호하셨다.

"요양보호를 하는 사람이 뭐 그리 대단해서 우리가 선생님이라고 불러요? 옛날에는 나도 선생님, 선생님 했는데, 이제 나도 늙어서 김 선생, 최 선생 해요. 말 한마디에도 서로 존중해서 불러야 해요. 나를 아무렇게나 불러도 좋아요."

"진작 말씀하시지 그러셨어요? 그동안 불편하셨겠네요."

할아버지라는 호칭이 정감 있다고 생각했는데, 듣는 사람은 그게 아닌가보다. 나는 할아버지를 돌봐드리는 게 처음이다. 얼마 안 되는 기간이지만 할머니만 상대했다. 처음에 어떻게 불러 드려야 좋은지 여쭈어야 했는데, 그렇지 않은 게 내 불찰이었다.

지금까지 살아온 경험에서 할머니의 언행이 우러나온다. 말 한마디, 호칭 하나까지 자연스럽게 일상에 녹아진다. 이런 아내로부터 존중을 받는 어르신은 참 행복하고, 복 있는 사람이다, 늙어서까지 존귀함과 권위를 부인으로부터 인정받으니까. 나는 얼마나 남편을 존중하고 있을까?

남편을 집안의 우두머리로 알고 존중할 때 그 가정은 평안할 것이다. 쉽게 깨지는 가정이 너무 많고, 여기에 파생

되는 여러 문제를 깊이 생각해 볼 일이다. 내 친정이 무질서한 역기능 가정이었으니 더 말할 것이 없다. 할머니의 인격이 다시 보인다. 집안의 질서와 권위를 지키는 분이다. 내가 나이 들어서도 이렇게 살라고 보여주시는 것이다.

§ 10월 30일(월, 맑음)

할머니가 기대한 만큼 내가 일을 못하니 요양보호센터에 사람을 바꿔 달라고 요청했다고 하신다. 할머니는 내가 알아서 해주기를 원하셨는데, 제대로 응대하지 못했다. 무엇을 해야 하는지 모를 때는 할머니께 여쭈어야 했다.

할머니가 요실금으로 면 기저귀를 사용하셔서 이것을 내가 눈치껏 빨아드려야 했는데, 할머니께서 직접 빠시겠다는 것을 그냥 넘어간 것이 실수였다. 평소 나는 눈썰미가 없기도 했다.

어제는 어르신의 오줌주머니를 할머니가 비웠는데, 오늘은 내가 했다. 할머니가 하신 것을 본 대로 해드렸다. 화장실을 청소하고, 어르신과 산책했다. 가을바람이라 선선해 부드럽다. 어르신이 내게 더 기대신다. 혹 넘어지면 안되니 나도 무척 긴장한다. 한때 대단하셨던 선생님이 요양보호사한테 기대어 산책하시고, 그 일을 내가 하니 새삼 요양보호사로서 소중한 사람처럼 느껴진다.

시인은 기대지 않으며 살아가는 생명은 없다고 했다. 기대는 게 맑기도 하고 흐리기도 하니, 우리 또한 맑기도 흐리기도 하단다. 내 유년 시절과 학창 시절은 모두 흐렸고, 비바람에 돌풍까지 불었다. 부모님을 비롯해 내가 기댔던 사람들 덕분에 버젓이 어른이 되었다. 이제 겨우 지난날을 돌아볼 여유가 생겼다.

어르신은 산책을 마치고, 간식으로 포도를 드셨다. 할머니가 찹쌀로 잣죽을 쑤라고 하셔서 얼른 전화기에서 잣죽 쑤는 법을 찾았다. 집에서 쑨 적이 있지만 실수하지 않으려고 확인한 것이다. 잣을 넉넉히 넣어서일까 할머니가 고소하다고 하신다. 간식 드신 지 얼마 안 되어 그런지 어르신께서 별로 안 드셨다. 그때마다 할머니는 간이 녹는다.

"어떻게 할라고 안 먹어? 약 먹어야 하니 어서 먹어."

"안 먹어."

"먹으라니까."

"안 먹어."

"애기 아니니까 어서 먹어."

"안 먹어."

우리 시어머니는 중풍으로 10년간 누워 계셨다. 시아버지는 시어머니가 밥을 드시도록 무척 애를 쓰셨다. 10년을 별의별 일을 다 겪으셨지만, 시아버지는 정말로 시어머니를 사랑하고 존중하셨다. 어르신의 양치와 세수를 도와드리고 집에 왔다.

§ 10월 31일(화, 맑음)

할머니 따님이 전화하여 내일 할머니의 병원 예약에 관해 상세히 알았다. 곧 요양보호센터에서 전화가 왔다. 센터를 방문해 달라고 했다. 급히 센터에 가니, 센터장님이 할머니 요청이라며 오늘까지 일하라고 했다. 센터를 나서는데 기분이 묘했다. 여러 생각이 들었다.

자녀 셋을 키워 결혼 시키고, 맏며느리는 아니어도 제사 드리고, 윗분들이 시키는 일을 잘해왔다고 생각하는데, 보는 사람에 따라 다른 모양이다. 어르신이란 호칭을 쓰지 않아 무척 마음이 상하셨겠다. 또 민화투를 칠 때 내가 자꾸 이기는 것도 싫으셨을 것이다. 화투는 어르신의 인지능력을 위한 연습이었지만 져드리려고 해도 뒷장이 잘 맞았다. 나중에는 내가 한 약을 계산에서 빼기도 했다. 내가 먼저 그만 둔 것이 아니라 상대방이 나를 거절했다는 것이 마음에 걸렸다. 돌봄 시간만큼은 절대 순종할 것이라고 마음먹었는데, 그 마음만큼 내 행동이 따르지 못 했던 것이다.

어르신 댁에 가서는 아무 일도 없다는 듯 평소와 마찬가지로 일했다. 주무시는 어르신을 깨워 산책을 나갔다. 마지막이라 생각하니 더 귀한 시간이었다. 어르신은 눈을 가냘프게 뜨거나 감고 계신다. 한평생 무엇을 보았고 담았을까? 가정을 잘 이끌어 오셨고, 육 남매를 훌륭하게 키우셨고, 주위에 선한 영향력을 끼치며, 그들의 가치관 형성에 큰 자리매김 하셨을 것이다. 선생님으로서 인품도 반듯하셨을 것이다. 오랜 세월 얼마나 많은 어려움을 통과하시며, 지금 이 자리까지 오셨을까? 저절로 그 삶에 존경심이 우러나온다.

댁에 돌아와 화투를 쳤는데, 어르신이 많이 따서 할머니가 좋아하시며 웃으신다. 저녁식사를 챙겨드리고, 양치하시는 것을 보고 돌아왔다.

돌아보며 돌봄

(2023년 11월 6일 ~ 2024년 8월 27일)

§ 11월 6일(월, 비바람)

집에서 가까운 할머니 어르신 댁을 찾아갔다. 반지하를 둔 2층 주택으로 담장 위에 긴 직사각형 모양의 화분 세 개가 올려있는데, 꽃은 져 볼 수 없다. 그 옆집 담장 벽에는 줄로 묶어 이어 내린 동그란 플라스틱 화분 세 개가 넝쿨처럼 달려 있다. 갈라진 콘크리트 바닥 틈으로 누런 잡초가 올라와 겨울을 맞이하는 것 같다.

돌봄을 받는 어르신을 처음 뵐 때는 항상 요양보호센터의 사회복지사님과 동행하는데, 오늘은 혼자 갔다. 2층의 집주인 할아버지가 나오셔서 대문을 열지 않고 내일 오라고 하신다. 막무가내시다. 요양보호센터에 연락해 어렵게 돌봐드릴 어르신을 뵐 수 있었다.

어르신은 피부가 흰 편이다. 머리띠를 하시고, 머리를 묶었다. 정갈하시다. 얼굴뿐 아니라 몸 전체에 살이 없다. 광대뼈가 튀어나온 느낌이다. 앉아계셨고, 엉덩이로 걸을 때가 많다. 부엌일을 하고, 화장실 갈 때만 일어서신다.

"나는 거짓말 하는 것을 아주 싫어해. 그럼 나랑 못 살아. 내가 살림하는 사람 아니니 묻지 말고 알아서 해."

중간 크기 액자 안에는 미륵보살상 사진이 있고, 정면에 있는 액자가 더 크다. 작은 탁자 위에는 쇠 촛대와 향로가 있다. 어르신이 얼마나 종교적이신가를 말하는 것 같다.

액자가 옆면에도 있다. 여느 집에서나 볼 수 있는 가족사진은 없다. 요양보호센터에서 요양등급 서류를 확인하라고 해 찾는데,

"와서 찾으라고 해!"

어르신은 분명한 어조로 말씀하신다. 어르신의 지난날 경험과 환경이 사뭇 궁금해진다. 방 닦고, 달걀찜 만들고, 물 끓여 드렸다.

방안과 거실에는 낙상 방지용 안전손잡이 봉이 세 개나 있고, 화장실에도 낙상 방지 안전손잡이가 있다.

§ 11월 7일(화, 맑고 강풍)

열쇠를 써본 지 거의 10년 만이다. 어제 받은 열쇠로 어르신 댁 대문을 열었다. 작은 계단을 올라가 1층 현관문을 열쇠로 열고 들어간다.

열쇠는 연결이다. 열쇠는 많은 것을 품고 있다. 서로 같은 공간이지만, 문만 열면 다른 세상이다.

날마다 어르신과 세 시간 '시간 여행'을 한다. 어르신 편에서는 '기억여행'이겠다. 여행은 동반자가 중요하다고 했는데, 서로에게 좋은 여행이고, 동행이었으면 좋겠다.

어르신은 이 동네에서 올해로 70년을 사셨다고 한다. 6 · 25 전쟁 직후부터 사신 것인데, 말 그대로 살아계신 역사다.

어르신은 많은 기억, 경험을 갖고 계신다. 즐겁고 행복한 기억에서부터 아프고 고통스런 기억들이 몸에 차곡차곡 싸여 있겠다. 오랜 시간 식당을 운영하시면서 가족은 물론 식당 직원을 책임지셨다. 어르신이 힘차고, 강한 이유를 알겠다.

반갑게 인사를 드리고, 집에서 가져온 청포도를 드렸다. 속살이 연하니 부드러울 것이다.

어르신으로부터 푸드뱅크 카드를 받고, 다용도실에서 끌차를 찾아 어르신께 필요한 것을 받으러 집을 나섰다. 지하철을 타고 어렵게 장소를 찾아갔는데, 이달치는 이미 받아 갔으니 다음 달에 오라고 한다.

댁에 돌아오니, 어르신이 김치와 반찬을 주민센터에서 준다고 하셔서 주민센터에 갔다. 12월에 김치를 주고, 반찬은 안 준다고 한다.

저녁 반찬으로 삼치를 프라이팬에 지졌다. 따뜻할 때 드시면 맛이 있을 텐데, 어르신은 나중에 드신다고 하셨다.

§ 11월 8일(수, 맑음)

찐 고구마와 새싹 장아찌를 들고 어르신 댁에 갔다.

"고구마 좋아하시죠?"

"그럼, 옛날 사람인데…"

어르신은 여러 가지 반찬을 드시지 않는다.

"병원에서 반찬을 골고루 드시래요."

"다 쓸데없어. 계란찜 데워 먹으면 돼. 밥도 조금 먹는데, 있는 거부터 먹는 거야."

다행히 어르신이 새싹 장아찌가 맛있다고 하신다.

방 닦고, 화장실 청소하고, 어르신 옆에서 TV를 봤다.

"저게 뭐지? 왜 그래?"

"저 사람이 사기 쳐서 잡힌 거예요."

"사람은 착하게 살아야 해. 내가 남한테 한 것만큼 나한테로 돌아와. 아니 그 이자까지도..."

"그래요. 땀 흘려 일해야 하는데, 왜 그리 헛된 생각, 헛된 기대를 할까요?"

"언젠가 하늘이 심판하실 거야. 점점 사람들이 악해져가니. 제 부모도 버리잖아. 우리 애들은 다 착해. 그저 엄마 편하라고 해. 어제 저녁에 수원 사는 큰 아들이 영양 음료 사가지고 왔어. 시간 있으면 오곤 하지."

"자녀들 모두 훌륭하게 키우셨으니 얼마나 뿌듯하고 좋으셔요. 가장 큰일 하셨네요. 손주들도 많으시죠?"

"응. 척추 수술하고 건강이 안 좋아 걱정이지. 살 만큼 살았어."

어르신은 졸며 깨며 누워서 TV를 보신다.

§ 11월 9일(목, 흐리고 비)

점심식사를 마쳤는데, 요양보호센터에서 사회복지사 선생님이 오셨다. 방문할 때는 마스크를 쓴다고 양해 말씀을 했다. 선물을 두 개나 갖고 오셨다. 하나는 어르신 것, 하나는 내 것. 케이스에 수건 두 개가 담겨 있었다. 내게는 근무할 때 쓰라며 예쁜 앞치마도 주셨다.

사회복지사 선생님은 어르신께 자신을 소개하고, 이것저것 물으셨다. 당뇨나 변비가 있는지, 지금 아픈 곳은 어디 없는지, 무엇이 가장 불편한지를 여쭈었다.

"없어. 나는 자유인이야. 나 하고 싶은 것 하고 살았어. 남한테 불편 주는 거 아주 싫어하고, 다른 사람 해코지 안 하고. 내가 돈 벌어 내 돈으로 행복하게 살았어. 식당 할 때도 꼭 경기미만 섰어. 딸이 '남들은 식구들 음식을 따로 한다는데' 불평해도 나는 다른 사람한테나 내 집 사람들한테나 똑 같이 했어. 애들이 다 착해. 걱정 없어. 나한테 손 벌리지 않고 잘 살아. 오래 살았지. 지금 할 일이 없으니 심심해. 반찬이 싱겁든 짜든 별로 문제되지 않아. 주는 대로 먹을 거야. 내가 못하잖아. 그래서 감사하면서 살아."

사회복지사 선생님은 나와 근로계약서를 작성하고, 짧은 시간에 급여제공지침 열 개 항목을 교육했다. 어르신의 인권을 옹호하고, 존엄성을 지키는 것이 첫째 항목이다. 치매예방, 욕창예방, 낙상예방 들을 강조했다.

어르신은 예전에 병원에서 척추 수술을 받으신 적이 있다고 하셨다. 저녁 반찬은 있는 것 드신다고, 다른 거 하지 말라고 하신다.

"의사 선생님이 골고루 드시라고 했잖아요."

"아니야. 내가 먹고 싶은 거 먹을 거야."

방을 닦고, 물을 새로 끓이고, 화장실에 벗어 놓은 속옷과 바지를 빨았다.

한참 TV를 보시다 혼자 하시던 화투를 함께 하자고 하신다. 이제 좀 나를 가깝게 느끼시는 것 같다.

§ **11월 11일(토, 찬바람)**

아침에 어르신 댁에 가니, 아직 주무시고 계신다. 방에 보일러가 꺼져 있다. 바람이 세게 불고, 기온이 많이 내려갔다. 얼른 물을 데워 갖다드렸다. 어르신이 호박나물을 좋아하셔서 애호박을 가져갔다. 나물 한 가지만으로 아침 식사를 하시고, 다른 반찬은 입에 안 대신다. 따로 가져온 포도는 우선 냉장고에 두었다. 방 청소하고, TV를 봤다.

가족의 탄생 프로에서 연애와 결혼의 완성은 자녀의 탄생으로 이어지고, 그 탄생이 가족의 완성이라고 한다. 여러 사람이 나와서 갖가지 사연을 말하는데, 뭉클하고 감동

적이다. 특히 20대 손자와 80대 할머니가 여행하면서 추억하는 것이 기억에 남는다. 내가 그렇게 못 살았기 때문일 것이다.

한 어르신이 협동조합 아파트를 이야기하며, 공동육아를 말씀하신다. 이 아파트 아이들 30여 명이 학교에 다니고, 부모와 자녀가 훨씬 안정적이고, 장점이 많다고 하신다. 육아를 위한 멘토가 있으니, 어려움이 있을 때마다 조언을 들을 수 있겠다. 또 선배들의 보여주는 삶이 있어 소모적인 게 없겠다. 어르신들도 좋고, 아이들도 참 밝아 보인다. 서로 부대끼며 사람 사는 맛이 느껴진다. 따뜻하고 행복해 보인다. 우리가 궁극적으로 추구하는 것인데, 이런저런 핑계로 망설이고 회피한다.

엄마와 아빠 혼인기념일이라고 가족 카톡방에 축하 메시지가 떴다. 전주 사는 아들이 올렸다. 기억해 주는 것이 참 고맙다. 결혼 37년째다. 사실 우리는 음란하여 혼전 동거를 하고 혼인식을 올렸다. 아들 둘과 딸 하나인데, 막내딸이 지난 6월 혼인했다. 명품 며느리가 둘, 명품 사위가 한 명이다. 손주도 한 명이 있다. 모두 9명, 대가족이다.

우리 부부는 동성동본이다. 지금은 없어진 법이지만 당시에는 동성동본의 혼인을 금하는 법이 있어 혼인신고를 시아버지께서 해주셨다. 우리 부부는 고단한 여정으로 쉽

없이 살았다. 신기하게 한 자녀 일이 끝나면 다음 자녀, 또 다음 자녀 번갈아 가면서 일이 생겼다. 이제는 자녀들이 모두 혼인하여 주저 없이 내 시간을 보낼 수 있다.

§ 11월 13일(월, 맑음)

바람이 매우 차다. 겨울이 빨리 왔다. 열쇠로 대문과 현관문을 열고, 어르신께 인사드렸다. 보일러가 돌아가고 있어 방에 온기가 있다. 전기장판에도 전원이 켜져 있다. 어르신은 늘 전기장판 위에 계신다. 거기서 식사하시고, 화투하시고, 주무신다.

가져온 찐 고구마를 드렸더니 좋아하시며 드셨다. 바로 점심을 차려드렸다. 뚝배기에 남은 밥이 있어 끓여드렸다.

"냉장고 위 종지에 생선 부스러기가 있어요?"

"응, 얼은 거 내놓은 거야."

"그럼 밥이랑 같이 끓일까요?"

"그렇게 해."

"저녁에는 무엇을 드실래요?

"라면 끓여먹을 거야. 먹을 거 꽉 찼어."

"드시고 싶은 거 드셔야지요."

방을 닦고 화장실 청소하고, TV 보는데 슬슬 졸렸다. 어르신과 화투 하는데, TV에서 계속 사랑 노래가 나온다.

§ 11월 14일(화, 맑음)

어제 교회 주일학교 선생님이 맛있는 배를 사오셨다. 절반 잘라 어르신 댁에 가져갔다. 종지에 얇게 썰어드렸다. 맛있다며 즙은 삼키고, 살은 뱉으셨다. 그것도 많다며 조금 남겨서 냉장고에 넣어두었다.

구운 삼치 한 토막, 새싹 장아찌, 볶은 당근과 양파로 점심을 차려드렸다. 점심 드시고 가져온 밤을 칼로 깎아드렸다. 찐 밤이라 이가 없어도 드시기에 좋다.

"뭘 이렇게 생각해. 맛있어. 고마워."

"제 친정어머니도 내년에는 90이에요."

TV에서 전국 어린이 동요대회를 방송한다. 갑자기 집안에 아이들 노래 소리가 가득하다. 요즘엔 아이들도 트롯트를 많이 하던데, 동요를 들으니 노래를 하는 아이들은 물론 어르신과 나도 밝아진 느낌이다. 옛날처럼 동요가 더 많이 불렸으면 좋겠다. '불란지'라는 말이 반딧불이의 제주 사투리라고 한다. 아이들이 주로 한복이나 드레스를 입었다.

"저렇게 하려고 저 부모들이 얼마나 힘들었겠어. 돈 많이 들었어."

"그러죠. 저 어깨 넘는 긴 머리도 혼자 관리하지 못 할 텐데요."

내가 먼저 화투 하자고 말씀드렸다. 유일한 오락이자,

손 운동이며, 인지훈련이다. 이번에는 어르신이 크게 이기셨다.

"나 피로 났어. 이겼어."

알맹이를 들고 있어도 막히거나, 뒷장이 안 맞아 낭패 보는 경우가 많다. 어르신은 일찌감치 피로 날 작전을 쓰셨던 것이다.

"뭐든지 억지로는 안 되는 거야. 순리대로 사는 거야. 생각해도 안 되는 때가 있지. 난 이북에서 피난 와서 그때부터 식당 했어. 식당을 크게 했지. 김장 500포기도 두 달이면 떨어졌어. 그때는 그렇게 살았어."

이 땅에서 일어나는 일들 가운데 우리가 피할 수 있는 일이 얼마나 될까? 전쟁도 마찬가지. 얼마나 강한 책임감으로 사셨을까? 얼마나 많은 사람들을 먹여 주셨을까? 그 시간을 넉넉히 통과하셨다. 어르신이 참 크게 보인다.

§ 11월 15일(수, 흐림)

점심 드시기 전 사과를 얇게 저며드렸다. 절반만 드시고 절반은 나중에 드신다고 하신다. 냉장고에 있는 감자, 양파, 호박을 볶았다. 식감이 없게 완전 무르게 했다. 달걀프라이도 좋다고 하셔서 해드렸다.

TV에 소머리국밥을 2대째 하는 식당이 소개되었다.

"이가 좋을 때 소머리국밥 많이 먹었어. 소고기도 엄청 먹었지."

식당 앞 한쪽에 부모님이 쓰던 항아리, 키, 체, 나무주걱, 지갑, 바가지 같은 것을 진열해두었는데, 부모님의 애정이 담긴 것들이라고 한다. 손님들도 하나, 둘 갖다 놓아 이제는 박물관이 되었단다.

사람 마음은 다 같은 것 같다. 먼저 내놓으니, 다른 사람도 혼자 보기 아까운 물건을 내놓는다. 사람은 스토리를 좋아한다. 사람 사는 사연이 좀 비슷한 구석이 있다.

§ 11월 16일(목, 비)

어르신께서 점심 드시기 전에 사과와 찐 고구마로 입을 다시게 해드렸다. 사과는 채 썰어 드렸다. 반찬은 있는 걸로 드셨다. 화장실 대야에 설사한 것이 묻은 속바지를 물에 담가 놓으셨다. 어제 저녁이나 오늘 아침에 혼자서 일을 보시느라 곤란하셨겠다. 잘 걷지도 못하시는데...

"어르신! 어제 배가 아팠어요?"

"아니."

고개를 흔드신다. 아픈 것을 말씀하셔도 되는데, 아직은 내가 쉽지 않으신가보다.

TV에서 수능에 관해 계속 말한다, 킬러 문항을 빼고, 변

별력과 난이도를 조절했다고. 나도 수능을 보았고, 세 자녀도 치렀다. 우리 때는 예비고사라고 했다. 오늘은 조카 손녀가 본다. 우리 인생의 통과 의례로 자리 잡은 수능! 수능이 온 나라의 축제는 아니지만, 국민의 관심사다. 자발적으로 관공서와 은행 같은 곳이 한 시간씩 출근을 뒤로 한다. 좋은 점수, 좋은 대학에 들어가는 것이 모두의 바람이고, 내 바람이기도 하다. 잘 보는 것이 꼭 좋은 일이 아님을 이 나이가 되어 깨닫는 것 같다. 겸손한 인생은 겸손한 환경에서 나온다는 말을 이해하겠다.

"우리 애들은 다 공부 잘했어. 그리고 착해."

어느덧 어르신의 주제가가 되어버린 말이다. 나는 특별히 학벌 우상이 심해 자녀들이 공부하는 것에 신경 썼다. 진정으로 자녀들과 소통하는 것을 외면했다. 애들이 공부하는 기계도 아닌데, 공부 잘하기 바랐으니 어리석었다. 세상 사람을 섬기려고 더 공부하는 것이 아니라, 세상의 '갑'이 되어 더 많이 누리려고 했으니...

곧이어 17세에 일본 오사카에서 열린 '세계 요요 챔피언'이 된 고등학생을 소개했다. 어려서부터 손재주가 뛰어났고, 손으로 하는 것을 좋아했단다. 그래도 세계 챔피언이 되었다는 것은 기쁨 너머에 무언가 다른 세상이 있는 것 같다. 앞으로 아이들은 다양한 분야에서 즐거움을 찾을 것이다.

§ 11월 17일(금, 구름 많음)

어르신은 얇게 썬 사과로 먼저 입을 축이셨다. 달걀프라이를 드신다고 하여 반숙으로 했다. 미역국이 좋다고 하셔서 국을 끓여드렸다. 입맛에 맞으신지 다른 것은 드시지 않고, 미역국만 잡쉈다.

TV에서 필리핀 산호초와 고래상어에 대해 알려준다. 갑자기 푸른 바다를 보니 뻥 뚫린 것 같은 시원함이 있다. 멀리 그 나라에 가서 보는 것보다 더 자세히 보여주어 좋다. 지구 온난화로 산호초가 자꾸 없어져 걱정이란다. 고래상어는 새우, 플랑크톤 같은 작은 물고기를 먹고 산단다. 고래상어를 따라 다니는 물고기는 고래상어를 방패로 천적을 피하며 행복한 공존을 한다는 것이다.

"물고기들도 잘 살려고 아등바등 온갖 꾀를 내네요. 하물며 사람은 더 잘 살아야지요."

"더 잘 살 필요 없어. 주어진 능력만큼 사는 거야."

"아니요. 능력보다 은혜로 살죠."

어르신은 확실히 살아보고 말씀하신다. 능력 밖의 욕심이 가져다주는 무서운 결과를 잘 아시기에 저런 말씀을 하시는 거다. 나는 주어진 것 모두가 은혜임을 깨닫는다.

캐나다에 사는 따님이 내 전화번호로 보이스톡을 걸어왔다. 어르신 전화기가 꺼져 있어 연락이 안 된다는 것이다. 얼마나 궁금하고, 걱정했을까? 친구를 보내 어르신의 전화기를 고치겠다고 한다. 내 전화기와 달라 어디가 고장인지 모르겠다. 기계치라 고장을 알아보는 것은 무리다.

"제가 대리점에 가서 고쳐올까요?"

"아니, 아들이 와서 해야지."

"다리가 콕콕 쑤시니 비가 오려나봐."

"오늘 첫눈 온다고 했어요. 흐렸는데 지금은 해가 나네요. 어제 비 왔어요."

"방 안에 있으니 도통 모르겠어. 심심한데 화투나 할까?

"네."

§ 11월 18일(토, 어제보다 맑음)

양념간장을 만들어 묵과 함께 드렸다. 엊저녁에 우리 집에서 교회 목장예배가 있어 쑨 묵이다.

"맛있어. 얌전하게 잘 했어."

어르신 품평이다. 여러 사람이 먹기에는 묵이 좋다. 혼자 먹자고 적은 양으로 묵을 쑤는 것은 어려운 일이다.

TV에서 하와이의 한 가정을 소개한다. 엄마는 한국 사람이고, 아빠는 미국인으로, 다섯 살, 세 살 꼬마가 있다. 엄마는 아이들 교육을 위해서 이곳을 택했다고 말한다. 자연은 하나지만 알고, 느끼기에 안성맞춤이라고 한다. 앞에는 바다, 뒤에는 숲과 산이 있다.

아빠는 다섯 살 아들과 곧잘 바다낚시로 물고기를 잡는다. 꼭 그림 동화책 보는 거 같다. 하루는 잡아온 물고기의 비늘을 아들이 숟가락으로 벗긴다. 음식이 되어가는 과정을 직접 보고 느끼라고 내장 손질을 같이 한다. 아이는 사람과 자연을 온전히 느끼며 넉넉한 마음도 갖게 될 것이다. 이것이 진짜 살아있는 교육 같다.

세 살 딸아이는 설거지하며 그릇 정리를 한다. 나는 자녀교육에서 이런 과정을 생략했다. 벼가 자라 쌀이 되고 밥이 되는 과정, 물고기를 잡아 손질해 먹는 과정을 아는 게 중요한데, 그 과정이 없이 그냥 공부만 강요했다. 그러니 공부가 얼마나 재미있었을까? 결국 남는 것 없이 그 시간이 지겹고, 질렸을 것이다. 이제야 자녀들이 생생한 시간을 갖지 못했고, 살아있는 공부를 하지 못했다는 것을 깨닫는다. 차근차근 관계했으면 추억이 되고, 기쁨이 되었을 텐데, 지금이라도 알아서 다행이다. 인정하고, 지지하고, 감정을 알아주는 할머니 역할은 제대로 할 수 있어야겠다.

나는 유년의 추억이 없다. 세월이 많이 지나서이기도 하겠지만, 늘 부모님이 다투셨고, 집안이 평안하지 않았다. 그래서 불안했고, 외롭게 자랐다. 그런 내가 자녀들에게 얼마나 잘 했을까? 오히려 욕심 내며 자녀들에게 요구만 하지 않았을까? 우리 자녀들은 유년의 추억으로 무엇을 기억할까?

§ 11월 21일(화, 맑음)

점심 드시기 전에 배를 채 썰듯 해드렸다. 어르신은 목이 말랐는지 남기지 않고 다 드셨다. 어르신 댁에 와서 처음으로 밥을 했다. 그동안 전기밥통에 항상 밥이 있었다. 냉장고에 있는 불린 쌀로 압력밥솥에 했다.

"아줌마가 오니 사람 사는 집 같네. 혼자 있으니 적적해."

냉장고에 있는 감자와 양파를 있는 국물에 볶았다. 달걀 프라이도 했다. 간장 식초로 담은 깻잎을 집에서 가져왔는데, 어르신 입맛에 들어 다행이다.

"얌전하게 했네. 익힌 거보다 이게 낫지."

어르신과 화투를 하는데, 주민센터에서 두 여직원이 왔다. 오전에도 와서 불렀는데, 대답이 없어 그냥 돌아갔다가 다시 온 거라고 한다.

"어르신 안부가 궁금했어요. 어디 아프신 데 없어요? 김장이 내일 와요. 내일 다시 연락드릴께요. 요양보호사가 바뀌어서 전에 계신 분이 전화를 안 받았어요. 선생님 전화번호는 어떻게 돼요." 내가 번호를 알려주니, 옆의 직원이,

"아침에 선물을 가져왔는데, 허탕 쳐서 빈손으로 왔어요. 다음에 가져올게요."
하며 일어선다. 직원이 돌아가고 할머니는,
"우리나라 좋은 나라야. 이렇게 걱정해주고, 사람도 보내주고."
흡족해 하신다.

§ 11월 22일(수, 맑음)

점심 드시기 전에 샤인머스켓이라는 청포도로 입을 축이셨다.
"청포도가 부드럽네."
촉촉하니까 드시기에 편한 거 같다. 어르신은 미역국과 묵으로 점심을 잡숴다. 냉장고에 있는 묵을 끓는 물에 데치니 꼭 새로 한 것 같다.
"묵을 잘 쑤었네."
"사람들이 많이 올 때는 묵이 좋아요. 혼자 먹으려고 묵을 쑤지는 않아요. 이제 미역이 없네요."
"응 걱정 없어. 사면 되는 거야."
방을 닦고 나서 전화기에 태그를 하지 않은 것이 생각났다. 요양보호센터에 전화해서 이런 상황을 알렸다.
어르신과 화투하면서 대화한다.

"식당 하시면서 제일 어려웠던 게 뭐예요?"

"날마다 새로운 반찬 하는 거야."

"그럼 제가 하는 반찬이 별로 입에 안 맞으시겠어요."

"상관없어. 내가 못하니까 주는 대로 먹는 거야."

"식당 하실 때 외상 하는 사람이 있었죠?"

"나는 남들 2,000원 할 때 1,000원 받았어. 그러니 외상 안 하지. 그래도 남았어. 돈 때문에 식당 하는 게 아니라, 사람들이 잘 먹기를 바라고, 제일 좋은 재료로 했어. 꼭 경기미만 썼어. 새벽 2시에 시장 갔거든."

무슨 경영 철학을 배우는 것 같았다. 진심으로 다가가니, 사람들이 진심을 알아주었단다.

"사람들이 결국 다 알아. 내가 손님을 둘려 먹었는지, 정성스럽게 대하는지... 사람들이 밥 맛있게 먹으면 그렇게 좋았어. 그 맛에 할 수 있었지."

돌아가신 시아버지가 좋아하셨던 카스타드 빵을 드렸다.

"부드럽고 참 맛있다."

§ 11월 23일(목, 맑음)

밤사이 비가 왔지만 아침에는 맑았다. 평소 꽃을 좋아해 우리 집은 화분이 많다. 아침에 하는 은행 청소를 끝내고, 동대문시장에 들러 꽃을 보니, 어르신 생각이 났다. 15센티 정도 화분에 진홍빛 철쭉꽃이 한 그루 피어 있어, 얼른 샀다. 활짝 핀 꽃도 있지만, 반쯤 핀 꽃, 손톱만한 꽃봉우리, 아직 숨을 죽인 초록빛 봉우리가 여러 개 있다. 이 화분을 가져갔다. 어르신이 활짝 웃으며,

"아, 이쁘다."

화분이 반려견 대신 반려식물 역할을 톡톡히 할 거 같다. 바람도 쏘이고, 햇빛도 비치니까 우선 창가에 두었다. 꽃이 오래가면 좋겠다. 안방이 더 환해지고 밝아진 느낌이다. 찐 고구마 드시고 귤로 입을 축이셨다. 볶은 쌀이 있어 끓여 드렸다. 드시는 양이 조금 늘어난 거 같다. 전에는 고구마를 조금 드시고 냉장고에 넣으셨는데, 이번에는 두 개 다 드셨다.

어르신과 화투 하면서 사는 의미를 생각해 보았다. 30, 40대에 의미 있는 일이 60대와 90대에는 어떤 의미가 있을까? 누구에게나 닥치는 노후, 혼자 있는 고독한 시간을 나는 어떻게 보낼까? 물론 어르신은 익숙해지셨지만 미리미리 준비하라고 이런 시간을 보내는 거 같다. 흐르는 시간 속에서 스스로 의미 있는 시간을 만들어야 할 것이다. 돈은 저축해도 시간은 저축할 수 없다고 한다. 기쁨, 슬픔도 결국 내가 만드는 것이므로 내게 주어진 시간에 충실해야겠다.

§ 11월 27일(월, 가끔 빗방울)

어르신은 청포도와 빵을 드셨다. 찐 고구마는 손을 대지 않으셔서 밥통에 넣어두었다.

어제 TV 뒤쪽을 청소하다 뭔가 건드려 TV가 먹통이 되었다고 하신다. 화분을 TV 받침대 오른쪽에서 경대 옆 작은 탁자 위에 옮겨놓으시며, 어르신 나름대로 혼자 대청소를 하신 것이다.

"TV를 못 보니 더 답답해. 애들도 연락이 없고…"

리모컨으로 해도 작동이 안 된다. 캐나다 따님과 카톡으로 연락했더니, 보이스 톡으로 전화가 왔다.

"TV에 전원이 있고 스위치가 있으니 잘 보세요."

"잘 못 찾겠어요. 맨 아래쪽 중간에 버튼이 있는데 눌러도 안 되네요. 제가 찾은 다음 다시 연락드릴게요."

찬찬히 살펴보았지만 알 수 없다. 우리 것과 구조가 완전 달랐다. 요양보호사가 그것도 모른다며 쓸모없다는 소리를 들어도 할 수 없다. 어르신은 사람 부르면 돈을 줘야 하니 부르지 말라고 하신다. 딱하게 되었음에도 뾰족한 수가 없어 요양보호센터와 따님에게 상황을 전했다.

어르신과 화투 했다. 매번 느끼지만 화투는 시간 싸움이다. 아무리 큰 계획이 있어도 정해진 규칙에 따라 상대가 먼저 나면, 그만이다. 광이든, 피든, 다른 약이든 먼저 3점을 내면 된다. 세상일도 시간만 충분하면 이룰 수 있는 게 많이 있을 것이다. 뒷북 치면 버스 떠난 후다. 정해진 시간 안에 이루어야 하는 거, 그러니까 우선순위가 필요한 거다. 어린 자녀들을 충분히 다독이지 못했다. 정을 나누고, 함께 놀러 다니며 추억을 쌓고, 따뜻하게 지내지 못한 것을 후회한다.

"뒷장이 잘 맞아 잘 되네."

어르신이 재미를 보시는 유일한 소일거리다.

§ 11월 28일(화, 맑음)

"안녕하세요?"

어르신이 누워 손을 흔드신다. 어르신은 만날 때, 헤어질 때 꼭 손을 흔든다. 냉장고에 있던 포장된 불고기를 끓이고, 감자 반개와 양파 반개에 당근을 넣고 볶았다. 시장하셨는지 식사 전에 초코파이를 드셨다.

"아침 안 드셨어요?"

"응. 아줌마 왜 이렇게 늦게 왔어?"

"어제랑 똑 같이 12시에 왔어요."

"밤 12시인 줄 알았어. 늙어서 시간 가는 줄 몰랐네."

혼자 계시니까 어느새 TV에 익숙해지셨는데, 그것마저 못 보시니 시간을 혼돈하시는 것 같다.

"TV 없을 때도 살았잖아요."

"그렇지. 그때도 살았는데, 어떻게 살았는지 모르겠어."

혹 리모컨 건전지 수명이 다 되었는지 모른다는 생각에 동네 마트에서 5,100원에 건전지를 사와 교체했다. 그래도 작동이 안 되었다. 아무래도 서비스를 받아야겠다. 서비스를 받으려면 회원등록 하고, 로그인을 해야 한다. 집에 돌아가 교회 목장예배를 드릴 때 젊은 집사님에게 물어봐야겠다. 내 처지에 디지털시대를 따라갈 수 없다.

어르신으로부터 10,000원 받고 5,000원 돌려드렸다. 방이랑 부엌을 정리하고, 돌아올 때 음식물 쓰레기를 갖고 왔다. 대문 옆에 있던 쓰레기통이 보이지 않아 집에 돌아오는 길에 우리 아파트의 음식물 전용 수거함에 넣었다.

집에 들어와 오래된 물건을 정리했다. 시집간 딸의 책상과 의자를 치워 집안이 한결 넓어져 넉넉함을 느꼈다. 마침 분리수거 하는 날이라 필요하지 않은 것을 버렸다. 남편이 퇴직하면 큰방을 사무실처럼 쓰라고 공간을 마련했다. 아마존의 창업자가 이런 말을 했다고 한다.

'내가 아마존을 운영하는 데 필요한 모든 능력은 집을 정리하면서 배웠다.'

TV에서 알려주는 신박한 정리 방법을 보면서 많은 걸 깨닫는다. 단순히 물건을 정리하고 수납하는 역할을 넘어,

공간의 재구성을 보여준다. 사람과 관계도 분별과 정리가 필요하다고 한다. 어떤 사건도 관점을 달리하면 전혀 다르게 보인다. 결국 모두 잘 살자는 게 우리들의 원함일 것인데, 참 어렵다. 나는 확실히 정리하는 센스가 없다.

§ 11월 30일(목, 맑음)

우울증에 좋다는 바나나를 어르신께 드렸더니, 한 개 드시고, 남은 한 개는 나중에 드시겠다고 하신다. 초코파이는 여전히 좋아하셔서 식사 전에 드신다. 김치를 잘게 다져 만든 찌개와 볶은 감자에 점심을 잡쉈다.

"맛있는 거 먹고 싶은데, 생선 넣고, 된장 넣고, 우거지 지져 먹을까?"

"무슨 생선을 드시고 싶으세요?"

"아무거나."

"조기 사다가 우거지에 지져 드릴게요."

TV에서 콩 볶기, 콩죽 쑤기, 콩가루 만들기, 메주 만들기가 나왔다.

"예전에는 직접 메주를 만들어 된장, 고추장을 만드셨죠?"

"그렇지. 그때는 아주 바빴지. 방 한 칸에 메주를 띄웠어. 늙은 호박이나 무를 익혀서 콩가루에 찍어 먹는 것이, 그 시절 유일한 간식이었다고."

지금 시각에서 보면 최고 웰빙 식품이다. 먹을 것이 많고, 맛도 좋은데, 이름 모를 병들이 더 많다. 비만 인구도 증가한다고 한다. 아이러니다. 먹을거리가 돈벌이 수단이 되었기 때문이란다. 보암직하고, 먹음직한 것이 넘쳐나지만, 아무거나 먹으면 병이다. 유혹은 지능적이다. 먹고 탈 나는 것보다 안 먹는 게 수다. 먹는 것에 절대적으로 분별이 필요하다.

§ 12월 1일(금, 맑음)

어르신 댁 안방에 있는 철쭉 화분에 꽃잎이 세 개나 피었다. 두 개는 활짝, 한 개는 반쯤이고, 활짝 핀 것이 다섯 개다.

"아! 이쁘다. 꽃이 오래 가."

어르신이 화분을 TV 받침대 오른편으로 옮기셨다. 낮에는 햇빛도 보고, 바람도 쏘이게 창가에 두시는 것이다. 저녁에는 다시 옮기신다. 혼자 보기 아까워 화분을 어르신 옆에 두고, 꽃처럼 활짝 웃는 어르신의 모습을 전화기로 찍었다. 그 사진을 카톡으로 캐나다에 있는 따님한테 보냈다. 따님이 카톡으로 금방 응답했다. 감사드린다고 하고, 전화로 어머니께 친구가 곧 전화기 충전기를 가지고 갈 것이라고 한다. 어르신은 그 친구가 올 때 반찬거리도 가져오라고 하신다.

곧 따님은 내게 전화해서,

"엄마가 통장을 주시던가요?"

"통장이 어디에 있는지 모르신대요."

"제가 통장 있는 곳을 알아요. 장판 밑에 있어요. 통장과 도장을 가지고 은행에 가서 돈을 찾아 장도 보시고, 2층 할아버지께 방세를 내고, 영수증을 받아두세요."

통장과 도장을 들고 은행에 가서 돈을 찾았다. 시장에서 조기, 우거지, 귤을 샀다. 집에 와서 주인 할아버지께 방세를 내고, 영수증을 받았다. 할아버지는 키가 작지만, 똑똑하고 기운찬 모습이었다. 또박또박 영수증을 쓰셨는데, 명필이었다. 수도세도 냈다. 잔돈이 없어 6,000원을 깎아 주셨다. 방세는 두 달 치 밀렸는데, 한 달 치만 냈다.

어르신과 우거지 껍질을 벗겼다. 2층 주인 할아버지가 찾아오셨다.

"영수인 이름을 안 썼어, 아줌마!"

"어머, 그걸 어떻게 아셨어요?"

할아버지는 참 꼼꼼하시다. 얼핏 보니 70대 같으시다. 우거지 조기탕을 다 끓여 점심을 차리니,

"밥 갖고 와. 같이 먹어."

"저는 먹고 왔어요."

다음에는 어르신과 함께 식사해야겠다.

§ 12월 2일(토, 맑음)

이른 시각인데도 어르신은 잠자리에서 일어나 정리정돈을 잘 해두셨다. 이불도 잘 개어 놓으셨다. 쟁반에 물이랑 간식을 드렸는데, 초코파이를 얼른 집어 드신다. 과일은 나중에 드신다고 하셔서 냉장고에 넣어두었다. 찐 고구마는 따뜻하게 드시라고 밥통 안에 두었다. 조기탕을 냄비 가득 끓였으니 당분간은 걱정 없이 드시겠다. 조기탕을 덜어 데워 아침을 차려드리니, 맛나게 잡쉈다.

TV에 새로운 걸 그룹들이 나와 춤 솜씨를 뽐낸다.

"어쩜 저렇게 잘 할까요? 얼굴도 미인이에요."

"이쁘네. 머리 색깔도 이뻐."

"둘째 따님이 미인 대회 나가서 2등 했다고 하셨죠? 춤도 잘 추었나요?"

"아니."

"많이 보고 싶으시죠? 누가 제일 보고 싶으세요?"

"서방도 안 보고 싶은데, 누가 보고 싶겠어. 자식도 결혼하면 남이야. 오면 반갑지만 가면 남이야."

어르신에게 자기 연민이 없으신 것 같다. 90세가 되면 감정도 멀어지나보다. 아니면 보고 싶은 마음을 애써 외면하시는 걸까? 내려놓고 잊어버렸을까? 정리하셨을까? 내가 90세가 되면 알 수 있을까?

어르신과 화투 하면서 생각했다. 사람은 끝까지 재미를 추구하는 본능을 갖는 거 같다. 이제 어르신은 많은 기억을 잊어버리셨을 것이다. 육신이 허약하여 잘 걷지도 못한다. 지금 하실 수 있는 게 화투다. 화투가 재미 있는 놀이라서 잊어버리지 않고 계속 하시는 것은 아닐까?

요즘 '사진 놀이터'로 뜨는 사업가가 있다. 지금 세대의 놀이에 관심을 갖고 만들었단다. 또 시에서 '행복한 놀이'라 말하는 시인도 있다. 나도 재미 있으니까 돌봄 일을 계속한다. 60세가 넘어 불러주는 데는 더더욱 없고, 할 일 없이 시간 보내는 것은 너무 무의미하다. 용돈벌이가 되고, 또 할머니와 할아버지를 접하며 노후 생활에 대한 호기심을 해결할 수 있다. 직접 겪으면서 가니까, 머리로 아는 것과 다르게 내 노후를 준비할 수 있다. 노인이 전과는 다르게 가깝게 다가온다. 끌어당기는 게 있다. 감정도 예전에 몰랐던 것들이 쏙쏙 들어온다.

§ 12월 4일(월, 맑음)

어르신 댁에 들어서자마자 점심을 차려드리고, 지하철을 타고 푸드뱅크마켓센터에 갈 채비를 했다. 한달에 한번 물품을 주는데, 월초에 가는 게 좋다. 푸드뱅크 카드가 없어,

"여기 있던 카드 어디에 두셨어요?"

"몰라."

하는 수 없이 어르신의 주민등록증만 갖고 갔다. 마켓 직원이 미역, 당면, 포장된 불고기, 소고기죽, 전복죽을 주고, 서비스로 여러 가지 주었다. 햄버거용 빵을 다섯 개, 크림빵 한 개, 도넛 세 개를 주었다. 샴푸, 린스, 사이다, 귀마개, 핸드폰걸이도 받았다. 올 때는 버스를 탔다. 가져온 것을 안방에 신문지를 깔고 어르신 앞에 펼쳐드렸다. 말로만 하면 실감나지 않을 것 같기도 하고, 많은 걸 마치 내가 받은 것처럼 즐거워 그렇게 해드렸다.

어제 교회 소년부에서 '달란트 잔치'를 했는데, 재준이가 내게 모양 링을 사주었다. 그게 고마워 재준에게 선물하고 싶은 욕심이 생겼다. 바깥 출입을 안 하시는 어르신께 귀마개는 필요 없을 것 같았다.

"어르신, 이거 저 주세요."

"그래 가져가."

"전에 받은 샴푸도 있고, 이제 세 개나 되네요."

"지금 식구가 없어서 그렇지 애들이 오면 가져가서 써. 우리 아이들 열 명이 세금을 얼마나 많이 내는데. 이게 공짜가 아니야."

가끔씩 어르신이 이런 말씀을 하실 때 깜짝깜짝 놀란다. 귀마개를 이미 받았는데, 다시 돌려드린다면 기분 나빠 하실 것 같아 아무 말하지 않고 집으로 돌아왔다.

§ 12월 5일(화, 맑음)

어제 큰아들 부부가 좋아하는 동치미를 담고, 남은 무로 깍두기를 담았다. 어르신 댁에 가기 전에 마무리하려니 마음이 바쁘고, 그릇들도 덩달아 요란했다. 그 와중에 대학 동기 은경의 시어머니께서 소천하셨다는 부고가 카톡으로 왔다. 3시에 일 끝나고 4시쯤 병원으로 간다고 연락했다. 어르신 댁에 와서야 전화기를 집에 두고 와 태그 할 수 없음을 알았다.

어르신께 점심을 차려드리고, 방과 거실을 청소했다. 집에 가서 전화기를 가져와 요양보호센터에 전화해 사정을 말하니, 시작만 찍으라고 한다.

일을 마치고 지하철을 타고, 동기생 시어머니의 장례식장으로 갔다. 가는 길거리에서 울 스웨터를 만 원에 팔았다. 평소 사고 싶은 거라 노란색과 검정색 두 개를 샀다. 한 개는 시집 간 딸에게 줄 것이다. 장례식장에 도착하니, 친구의 가족들은 입관예배를 드리고 있었다. 느닷없이 부고를 받아 준비 없이 동기들을 만나니 더욱 반가웠다. 입관예배가 끝나고 조문하러 온 다른 동기 기영, 오원, 인선과 이른 저녁을 먹었다. 대학 동기들은 그저 편한 게 있고, 같은 편이라는 동지애가 있다. 식사하면서 은경의 남편이 20년 동안 투병으로 고생한 거, 친구들 근황, 자녀들 이야기, 줄어든 살림살이를 이야기했다. 덧붙여 외국에서 많이 하는 '살아있는 장례식'을 하면 여러 가지로 유익하겠다고 했다. 의식 있을 때 보고 싶은 사람들과 이 땅에서 마지막 인사하고, 차분히 정리하면 좋을 것이다.

§ 12월 6일(수, 비가 오락가락)

"어르신! 죽이 삭아서 버려야겠어요."

"그럼 버려야지."

어르신 댁에 와서 처음으로 음식을 버렸다. 점심을 차려 드리고, 3만 원을 타서 시장 안에 있는 정육점으로 갔다. 어르신께서 쇠고기 미역국을 좋아하셔서 쇠고기를 샀다. 국거리 한우만 사면 비싸니 한우 반, 수입산 반을 샀다. 댁에 돌아와 어르신이 보는 앞에서 고기를 4등분해 나누었다. 어르신이 궁금해 할 것 같았다. 집 안에만 계시고, 돌아다닐 수 없으니 얼마나 궁금하실까? 세 덩어리는 나중에 쓰려고 잘 싸서 냉동실에 넣어두었다. 만들어 놓은 육수가 없으니 멸치를 한소끔 넣고 끓였다. 쇠고기, 미역, 참기름, 마늘, 국 간장도 넣었다. 한참 끓이니 맛있는 냄새가 우러나왔다.

"며느리가 셋인데, 시어미가 밥은 먹었는지 물어보는 사람이 없어. 내가 아파서 이렇게 될 줄은 정말 몰랐어. 징역 생활을 하고 있어."

"힘드시죠. 못 걸으신 지 오래 되셨어요?"

"그럼 10년이 넘었어. 내가 닭띠거든. 닭이 '꼬끼오' 울면 호랑이도 물러가. 온갖 잡기가 물러가거든. 그래서 사람이 안 붙나봐."

그 어렵고 척박했던 시절을 이겨내신 어르신이시다. 피난 오셔서 무너지고, 부서지고, 훼파된 시절을 잘 버티셨다. 없는 살림에 식당 하시면서 쪽잠 자고, 자녀들 다 공부시키고 뒷바라지하셨다. 남은 것은 지독한 외로움과 병마와 싸움이다. 얼마나 더 저항할 수 있을까?

주민센터에서 어르신을 담당하는 직원이 전화했다. 16일 토요일에 근처 교회의 청년부가 어르신을 방문해 선물을 전달할 것이라고 한다. 광장에 설치한 사랑의 온도탑 온도계가 올라가고, 조금 있으면 구세군이 거리 모금을 할 것이다. 확실히 12월은 따뜻한 나눔의 계절이다. 한파 때문에 춥고, 월급 빼고 다 올랐다고 하는 때에 반가운 소식이다. 적십자 회비를 잊지 않고 내야겠다.

§ 12월 8일(금, 맑음)

"바나나를 먹어서 점심은 지금 안 먹어."

내가 하는 일 중 어르신께 점심식사를 차려드리는 게 큰

일인데, 갑자기 안 드신다고 하시니 죄송하다. 할 일이 없어져 민망했다.

"꽃이 활짝 피었어. 이뻐, 오래 가네."

"바람과 햇빛을 쐬라고 화분을 창문 곁에 둘게요. 저녁에는 방 안에 두세요."

"그래."

어르신과 TV를 봤다. '나는 자연인이다'를 보는데, 제목이 '산속의 순애보'다. 자연인은 젊은 날 인생을 몰랐을 때, 택시운전사로 전국을 다니며 돈을 많이 벌었다고 한다. 돈이 생기니 자연스럽게 술, 도박, 여자에 빠졌다. 재작년에 아내의 오른팔과 오른다리에 마비가 왔다. 가족을 볼 낯이 없어 아내에게 속죄하는 심정으로 산에 들어와 아내를 위해 약초를 많이 심었다. 남은 인생 아내를 위해 살겠다고 약초를 다듬는다.

돌아가신 시아버지께서 그러셨다. 시어머니는 반신 마비로 10년을 누워계시다 돌아가셨다. 그 간병을 시아버지가 도맡아 하셨고, 동네 사람들은 조선 팔도에 저런 효성은 없다며 칭찬했다.

시아버지는 젊은 날 바람도 피우시고 시어머니 속을 많이 썩이셨다. 시아버지는 용서를 구하는 마음으로 10년을 한결같이 간병하셨다.

어르신은 화투 하면서 기분이 좋으신지 흥얼거리신다.

"아침에 우는 새는 배가 고파 울고, 저녁에 우는 새는 님이 그리워 운다. 옛날 사람들이 어찌 그걸 알았을까?"

"예나 지금이나 사람 마음은 똑같지요. 저녁을 해 놓을게요."

쌀을 씻어 밥을 하려는데, 전기밥솥이 고장났다. 이 상황을 요양보호센터에 알렸다.

§ 12월 11일(월, 맑음)

어르신 댁에 가니 고장 난 전기밥솥이 끓고 있었다. 전기밥솥도 주인을 알아보는 모양이다. 버튼이 작동되지 않은 것을 어르신이 고치신 거다. 냉장고에 상추가 있어 겉절이를 했다. 상추 겉절이는 부드러운 음식이라 어르신께 좋을 것이다. 점심 마치자마자 방 청소를 끝내고, 어르신과 TV를 보는데, '효도 합시다'라는 노래가 흘러나왔다.

"계절이 지나면 돌아오지만 당신의 세월은 멀어져가네 ~~

사는 게 바빠도 전화 한 통 드립시다. 여러분, 여러분 효도 합시다 ~~"

"애들이 열 명인데 전화 한 통이 없어. 저 사람은 효도 다 했어."

"네, 마음이 불편하네요."

일 끝나고 집에 가서 친정어머니께 전화를 드려야겠다. 화투 하시면서 어르신은 부산 피란시절 이야기를 하신다.

"부산으로 피란 갔을 때 교회에 갔었지. 그런데 누가 옥비녀를 헌금함에 넣었어. 그랬더니 목사가 그걸 그렇게 칭찬하고 자랑하더라구. 비녀도 없는 사람은 어떻게 하라구. 그 다음부터 교회에 안 갔어. 서울에 와서도 안 갔어."

"목사도 인간인데 어쩌겠어요. 좋은 목사 많아요. 목사도 믿음의 대상은 아니에요. 사람은 사랑의 대상이래요."

"교회에서 죄짓지 말라고 하지. 죄가 뭔지 알아? 도둑질 안 하고, 서방질 안 하면 돼."

"교회에서 물론 죄짓지 말라고 해요. 그리고 예수 믿으라고 강조하지요. 그런데 우리 가운데 죄를 안 짓는 사람, 온전한 사람은 없어요. 죄가 안 드러날 뿐이죠. 마음속으로 남을 미워하고, 시기, 질투, 무시, 차별하잖아요. 적개심도 갖잖아요."

어르신이 워낙 행위를 중시하고, 남을 많이 돕고, 바른 생활을 하셔서 그런지 아무 대꾸를 않으신다. 나는 용기가 없어 실행에 옮기지 못했으니 드러난 죄는 없고, 마음속으로 얼마나 많은 죄를 지었는지 셀 수 없다. 순한 표정이 더 가증스럽다. 학벌, 물질, 직업, 거주하는 환경들로 사람을 얼마나 무시하고 차별했는지 모른다.

나는 엄마가 되어 공부하는 걸로 큰아들과 작은아들을 차별하고, 편애했다. 예전에는 몰랐다. 공부를 잘하는 사람도 심리적으로 많은 두려움과 불안이 있단다. 그 자리를 지키려고 하니 더 불안하고, 고착화된단다. '엄마자격시험'이 있다면 당연히 나는 불합격이다. 어려서 겪은 불우한 가정환경으로 인한 열등감을 감추려고 비뚤어진 방향으로 가족과 주변 사람들을 피곤케 한 무정한 사람이었다. 그 결론으로 결혼한 자녀들이 나를 별로 찾지 않는다. 아빠를 더 좋아한다. 감정을 자연스레 표현하고 발산하는 것에도 서툴다. 사람을 따뜻하게 대하고 공감하고, 사랑하는 법을 모른다. 어려서 받아보지 못했기 때문이다.

§ 12월 13일(수, 흐림)

어르신 댁에 가는 길에 구립 도서관에서 그림책 일곱 권을 빌렸다. 미국 유학 중 교통사고로 세상을 떠난 딸을 기념하기 위해 그의 부모님이 세운 도서관이다.

어르신과 화투를 오래하니 머리가 띵해서 요양보호센터에 사정을 이야기한 적이 있다. 그때 센터장님은 윷놀이나 그림책을 같이 병행하라고 권하셨다.

식사 후에 어제 사온 고구마를 냄비에 쪄서 드렸는데, 맛이 좋다고 하셨다. 모처럼 TV에서 뉴스를 봤다.

"저런 사람들은 남들 살리려고 노력하는데, 나 같은 늙은이는 아무 도움도 안 되니 빨리 죽어야지."

"그런 말씀 마세요. 다 하늘의 뜻이 있겠죠. 죽는다고 끝나는 게 아니에요. 죽어도 관계는 계속되는 거예요."

어르신은 고맙다는 듯 내 손을 잡았다. 오히려 관계 중심적으로 살아온 것보다 일 중심으로 살아온 지난날이 참으로 부끄러워 얼굴이 절로 숙여진다.

"자식을 자꾸 기다리게 돼. 기다리면 안 되는데."

"그런 게 어디 있어요. 부모는 생명의 전달자래요. 낳고, 장성하여 결혼할 때까지 키웠잖아요. 전화는 기다릴 수 있어요. 전화가 와도 못 받으시니까 문제네요. 따님이 자주 전화하는데..."

"저 나라는 왜 전쟁하지? 하긴 두 사람이 있어도 질투를 하는데, 큰 집 작은 집도 싸우잖아. 질투가 없을 수 없지. 그러니 전쟁을 하지."

어르신도 다 당신의 생각이 있으시다.

토끼와 거북이 그림책을 봤다. 어르신은 다 잊어버렸는지,

"당연히 토끼가 뜀박질을 이기지."

"아니에요. 토끼가 해찰하고 잠자다 늦어서 거북이한테 졌대요."

"까불다 그랬군."

그림책은 색감이 화려했다.

"나는 이런 초록이 좋아."

"그래요, 초록색이 눈에도 좋답니다."

§ 12월 14일(목, 비)

비가 와서 질척거려 걸어 다니는 게 불편하다.

"비 와? 집안에 있으니 통 모르겠어. 화분에 물 줘야 하나?"

"아니요, 아직 흙이 마르지 않았어요. 바람 쐬라고 창가에 둘게요."

화분의 철쭉 꽃잎이 떨어졌지만, 새 봉우리의 꽃잎이 조금 열렸다. 아직 봉우리 채로 나무에 달려 있는 게 여러 개다. 창문을 열면 앞집이 보이고, 바람이 들어오고, 옆쪽 사선으로 햇빛이 들어온다.

식사를 마치고, '엄마가 자꾸 바뀌어요'라는 그림책을 어르신과 보며 읽어드렸다.

"우리 엄마한테는 초능력이 있는데, 마음만 먹으면 어떤 동물로든 변한다. 물소처럼 힘이 세어 양손에 가득 장을 보고도, 내 가방까지 들어주신다. 문어처럼 팔이 여러 개라, 천 가지 일을 한꺼번에 할 수 있다. 앵무새처럼 항상 똑 같은 말을 한다."

나중에 책 읽어 주는 할머니가 되고 싶다. 손주들에게도, 다른 어르신에게도. 그 작은 꿈을 이룬 거 같아 기쁘고 즐겁다. 도서관에 가서 책을 선택하는 것도 설렘이 있다.

"어르신의 초능력은 뭐예요?"

"지금 아픈데 무슨 능력이 있어."

"예전에 식당하실 때는 날아다니셨죠?"

"그럼, 나는 음식을 맛있게, 푸짐하게 하는 재주가 있었어. 모두들 좋아하고 칭찬했지. 쌀을 제일 좋은 것으로 하고, 돈은 다른 식당보다 늘 적게 받았지. 그래서 우리 식당에서 밥 먹어본 사람은 항상 다시 오곤 했지. 말 안 해도 저절로 광고가 됐어. 그걸로 우리 아이들과 오빠네 아이들을 공부시키고, 결혼시켰어. 우리 신랑은 나를 형수나 어머니 같이 생각했대. 언제나 반듯하고 틀림없었으니…"

그렇게 말씀하시는 어르신의 모습은 힘이 있어 보인다. 초능력자시다. 나는 겨우 남편이 벌어다 주는 돈으로 자녀들을 키웠으니 무능력자다.

§ 12월 18일(월, 강추위)

처음으로 어르신의 막내아들로부터 전화를 받았다. 그동안 만나보지는 못했지만, 가끔 어르신 댁에 다녀갔다. 종종 어르신께 전화를 했는데, 받지 못하셨다.

"안녕하세요? 새로 온 요양보호사예요. 어르신 드시는 영양음료 많이 사오세요."

어르신의 간식인 영양 음료가 다 떨어진 지 오래다.

"엄마 잘 있다. 따습게 잘 있으니 걱정 말아라."

어르신은 따님한테 말하는 그대로 아들에게도 하신다. 90세에, 치아 없는 홀로된 노인, 절대 고독 속에서, 간식이 없음에도 자식들에게는 아쉬운 소리를 안 하신다.

모든 부모가 다 그런 것은 아니다. 내 큰외숙모는 86세에 돌아가셨는데, 큰딸에게 지나치게 집착하셨다. 6·25전쟁으로 한 살, 세 살 난 딸을 두고 외삼촌이 돌아가시자, 두 딸을 아주 어렵게 키우셨다. 거기까지는 좋았는데, 큰딸의 결혼을 막고, 큰딸에게 얹혀살며 서로 짐이 되었다. 이제 이종사촌 언니도 70이 넘었다. 자녀를 잘 키워 좋은 엄마이고 싶은 마음은 누구나 있다. 생각해보면 나도 자녀로 인해 내가 더 뽐내고 싶어 애썼다. 그래서 내 기준에 미치지 못하는 주변 사람들을 무시하며, 내 잣대로 있는 질서도 우습게 여긴 비열하고, 교만했다. 자녀들의 월급에 관여하지 않는 것이 다행이다.

"아줌마 가면 나는 참 적적해. 사는 게 재미 하나도 없어."

어르신의 진심 같다. 그래도 자식에게 약한 모습을 보이기 싫은 마음을 이해한다. 천국에 소망을 두시면 다가오는 시간이 덜 지루하고 무의미하지 않을 텐데...

§ 12월 20일(수, 강추위)

밤새 눈이 내렸다. 사람들이 참 부지런하다. 제설작업이 잘 되어 길이 미끄럽지 않다. 눈이 참 좋고, 추억도 좋은데, 잠깐이다. 넘어지면 안 된다는 생각에 머리가 복잡하다.

"어르신 눈이 왔어요."

"응. TV 보고 알았어. 다닐 때 길 조심해."

"네. 낮에 감자 볶아 드릴게요."

"아무거나 해봐."

어제 일 때문인지 어르신은 별 말씀 없으시다. 나도 별로 드릴 말씀이 없다.

TV로 가요무대를 함께 봤다. 올해 별이 된 가수 일곱 분의 노래를 들려주었다. 아는 노래가 많았다. 옛날 노래가 정겨운 것은 그 시대를 조금 알아서 일 것이다. 6·25 전후 무너지고 황폐한 시대, 모두가 없이 살았던 시절에 노래가 얼마나 힘이 되었을까? 그 시대를 책에서 보고, 드라마로 봐서 조금 알겠다. 가수들도 사명을 다하고, 우리 선배들도 사명을 다하며 고난을 통과했을 것이다.

어르신도 젊은 날 누구보다 부지런하고, 치열하게 사셨다. 높이 존중해드릴 일이다. 어르신 나름대로 사연을 갖고 계실 것이니, 그 깊은 삶을 이해해드려야 하겠다.

주민센터 돌봄 선생님이 전화했는데, 내일 어르신들에게 동지팥죽을 쑤어 나눠드린다고 한다.

§ 12월 21일(목, 강추위)

어르신께서 점심식사 마치고, 팥죽 가지러 댁을 나섰다.

들어본 교회 옆의 경로당이라고 했는데, 교회 근처에서 길을 잃었다. 언덕 위라 눈이 다 녹지 않아 미끄러웠다. 물어물어 경로당을 찾았다. 봉사하시는 일곱 분이 마지막 정리하고 있었다. 날이 춥지만 이분들의 정성과 나누어 주는 정 때문에 온기가 돌았다. 우리 조상들은 옛날부터 동지에 팥죽을 먹었다. 새알처럼 둥글고 원만하게 세상을 살라는 뜻에서 동그란 새알을 빚는다고 한다.

"팥죽 가지러 왜 늦게 왔어요?"

"일찍 출발했는데, 찾느라고요."

"어르신은 잘 계셔요?"

"네. 건강이 안 좋으세요."

댁에 돌아와 어르신께 팥죽을 냄비에 좀 덜어 데워드렸다.

"본인도 먹어."

"저는 괜찮아요."

"아, 이제 한 살 더 먹는구나."

그릇 치우고, 어르신은 TV 보고, 나는 책 봤다.

어르신은 혼자 화투 하시다가,

"졸리면 가. 왜 내 마음을 불편하게 해. 혼자서 화투 하게 하고. 센터에서 어떻게 하라고 배웠어?"

"어르신께서 시키는 거 잘 하라고 했어요. 화투 하실래요?"

"나는 빌어서 억지로 하는 것은 싫어. 내일부터 오지 마."

"감자가 두 개 남았는데, 떨어지면 어떻게 할까요?"

"사면 되지."

집에 돌아와 요양보호센터 사회복지사님과 통화했다. 있었던 일을 이야기하며, 내 감정이 채널 돌리듯, 수도꼭지 돌리듯 쉽게 움직이지 않는다고 했다. 아무 일도 없었다는 듯 화투 하는 게 쉬 내키지 않았다. 열심히 하는데, 더럽다고 하시는 말씀에 상처를 받았다고 하니, 사회복지사님은 그동안 서로 신뢰하게 되어 어르신께서 편하게 느껴 그렇게 말씀하셨을 것이라며, 너무 힘들면 그만해도 된다고 했다.

어르신이 센 척 하시는 게 안쓰럽게 여겨졌다. 팥죽을 먹으라는 것은 화해의 방법이었는데, 그걸 알아차리지 못했다. 관계가 참 어렵다. 절대로 순종해야 했는데, 팥죽을 먹지 않고 어르신께 대들었던 것이다. 내가 이것밖에 되지 않는다는 것을 직시해야겠다. 요양보호사로 일하면서 옳고 그름을 따지는 내가 한심스럽다.

§ 12월 22일(금, 강추위)

불편한 마음을 속죄하는 심정으로 어르신 댁에 갔다. '불편하게 해드려 죄송해요.' 하고, 먼저 사과를 드려야 하나? 지난 밤에 묵상하며 '되었다 함이 없는 나'를 직시하게 되었다. 고용된 세 시간 동안은 교회 표어처럼 '나보다 당신이 옳습니다.'를 되새기자. 왜 말을 함부로 하냐고 따질 용기도 없지 않은가? 어르신은 누워 계셨다.

"아침은 뭘 드셨어요?"

"안 먹은 거 같아. 지금 먹고 싶지 않아. 이따 먹자. 우선 청소부터 하고."

"내일부터 3일간 쉬고, 저는 성탄절 지나서 와요. 미역국 끓여 놓을까요?"

"그래. 미역국 좋지."

곧 어르신이 함께 먹자며 어서 가져오라고 하신다. 미역국에 밥을 맛나게 잡쉈다. 언제 그랬냐는 듯 어르신과 화투 하고, 집에 돌아왔다.

집에 들어서니 온수 보일러가 고장 났다며 남편이 몇 시간째 보일러를 손보고 있었다. 추운 날씨를 어떻게 해볼 재간이 없다. 올 겨울 중 가장 추운 날씨란다. 난방과 온수 파이프를 구별하는 데 시간 걸리고, 언 파이프가 금방 녹지 않아 지체되었다고 한다. 올 한해 마지막 교회 목장 예배를 어제 남편과 빚은 만두를 먹으면서 마무리했다. 모두들 맛있게 먹어 감사드렸다.

§ 12월 23일(토, 강추위)

어제 저녁 교회 목장예배를 마치고, 밤 11시에 TV를 틀었다. 그때 안경이 없다는 것을 알았다. 생각해보니 어르신 댁에 두고 왔다. 아침 일찍 어르신 댁을 찾았다. 그런데 열쇠를 챙긴 거 같은 데 없었다. 바로 집에 돌아와 찾았으나 없었다. 다시 어르신 댁에 가서 문을 두드렸는데, 불은 켜져 있지만 아무 반응이 없다. 앞쪽 베란다 문도 안에서 잠그셨다. 2층 주인 할아버지 댁으로 갔다.

"어르신, 어르신!"

2층 현관문은 열려 있었다. 주인의 며느님이 나와,

"시아버님께서 어제 새벽에 뇌출혈로 돌아가셨어요."

"어머나, 제가 지난달에 방세 냈을 때도 정정하셨는데요."

"앞으로는 어머님께 내세요."

"제가 아래층 요양보호사인데요, 열쇠를 잃어버렸어요. 아래층 열쇠가 있으면 잠깐 빌려주세요."

며느님이 열쇠뭉치를 주어 맞는 것을 찾느라 시간이 걸렸다. 어르신 댁 문을 열었는데, 안에서도 잠가놓아 열 수 없었다.

"어르신, 문 좀 열어주세요. 어르신~"

"알았어."

"제 안경 찾으러 왔어요."

"저기 있어."

"제가 열쇠를 잊어버렸어요. 앞으로 현관이든, 베란다든 한

쪽은 잠그지 마세요."

"왜? 젊은 사람이 그렇게 정신이 없어. 그 열쇠 8,000원이야."

"죄송해요."

미역국에 전복죽을 데워 아침상을 차려드리고, 집에 와서 외투 주머니에 있는 열쇠를 찾았다. 참 이상한 일이다.

낮에 큰아들 부부와 막내딸 부부가 온다고 해서 만두를 빚었다. 남편이 반죽을 잘게 잘라 밀어 만두피를 만들고, 나는 속을 넣어 완성해 냉동실에 넣었다. 그저께 만들고, 오늘 50개를 더 만들었다. 맛있게 먹으니 힘든 줄도 모르고 했다. 큰아들네는 김치냉장고가 있어 김장김치, 갓김치, 동치미를 가져갔다. 막내딸네는 아직 김치냉장고를 마련하지 못해 저녁까지 먹고 만두만 가져갔다.

§ 12월 25일(월, 눈 오는 성탄)

8년 만에 맞는 화이트 크리스마스라고 뉴스에서 알려준다. 어제와 같은 시각, 아침 7시 20분쯤 집을 나섰다. 나설 때는 눈이 오지 않았는데, 교회에 다다르니 눈이 내린다. 나는 소년 1부 교사인데 오늘은 취학부 통합 예배를 드린다고 한다.

목사님 설교 전에 나는 하모니카로 '기쁘다 구주 오셨네', '창밖을 보라' 두 곡을 연주했다. 예전에 하모니카합

주단 단원으로 양로원, 사회복지기관에 다니며 연주를 했다. 그때 입었던 무대복을 입었다. 그렇게 활동할 때는 들을 만했는데, 지금은 확실히 솜씨가 줄었다. 하모니카는 소리도 좋지만, 힘들이지 않고 즐길 수 있고, 작아서 갖고 다니기에 안성맞춤이다. 우리 아이들도 하모니카를 배웠다. 내 반 아이들에게 하모니카를 가르쳐주는데, 바로 익히는 아이들이 있다. 반 아이 중 재준은 내년 1월 교회 소년부 행사에서 독주를 할 예정이다. 영상 통화로 연습하는 과정이 쉽지 않았지만 좋은 연주를 기대한다.

성탄 축하 행사에서, 특히 기억에 남는 것은 소년부 연극 '낭만 닥터 엘사부'다. 엘리야 선지자 이야기를 TV 드라마 '낭만 닥터 김 사부'에 빗대어 각색한 것이다. 기획이 상상 이상이다. "살린다, 살린다, 살린다." 교회에서 강조하는 가정을 지켜야 한다는 주장이 그대로 녹아있다. 내가 돌봄을 해드리는 어르신 가정도 회복되었으면 좋겠다.

§ 12월 26일(화, 추위가 풀림)

"아줌마 나 물 좀 줘요. 아줌마가 주전자 가져가서 물이 없어."

"제가 왜 주전자를 가져가요?"

씽크대 밑의 문을 여니, 큰 주전자와 작은 주전자가 나란히 있었다.

"여기 있잖아요. 저희는 커피포트를 쓰니 주전자는 필요 없는데, 왜 가져가겠어요?"

"내 집에 드나드는 사람이 없는데, 없으니 가져 간줄 알았어."

처음에는 나도 발끈했다. 치매가 일종의 병이란 사실을 간과했다. 어르신께서 치매 초기인 것 같다. 어떤 부분은 아주 정확하신데, 또 어떤 부분은 영 아니시다. 치매에 관한 공부를 더 해야겠다.

통장을 갖고 은행에 가서 돈을 찾아 장을 봤다. 미역국에 넣을 고기랑 고구마, 리모컨에 쓸 건전지, 어르신 좋아하는 두유를 샀다. 2층에 가서 방세를 내고, 고구마를 삶았다. 밤고구마가 작지만 어르신께서 아주 맛나게 드셨다.

§ 12월 28일(목, 맑음)

내게 은행 청소 자리를 소개시켜 주신 김연식 집사님을 몇 달 만에 동대문에서 뵀다. 그 전에 만났을 때 풀리지 않는 일이 있다고 했는데, 아직 그대로라고 하셨다. 그 일을 바라보는 관점을 달리하니, 요즘은 살 것 같다고 하셨다. 주식 해서 원금 날리는 사람도 있는데, 당신은 절반도 더 남았다며 위안이 된다고 하셨다. 모든 일 끝에는 돈이 있다고 한다.

김 집사님은 우리 딸 결혼식에 못가서 올해가 가기 전에 꼭 만나고 싶었다며 봉투를 주셨다. 김 집사님이 많이 보고 싶었는데, 이렇게 돈까지 주시니 고마움이 두 배다. 시장에서 비빔밥을 먹고, 청계천을 거닐며 이런저런 이야기를 나누었다. 김 집사님은 손주가 네 명이나 되어 하실 얘기가 많을 것이다. 봄에 다시 뵙기로 했다.

어르신 댁에 도착하니,

"혼자 적적한데 이렇게 와주어 고마워요."

허리를 꼿꼿이 세우고, 어르신이 갑자기 정중히 인사를 하셔서 깜짝 놀랐다.

"안녕하세요? 아침 식사는 어떻게 하셨어요?"

인사 드리고, 있는 반찬으로 점심을 차려드렸다. 어르신의 변화에 무슨 일이 있었는지 궁금하다.

어르신과 함께 TV로 '붕어빵 데이'란 프로를 봤다. 붕어빵 가게를 열어 오가는 사람에게 두 마리씩 무료로 나눠준다. 정보를 얻고, 도움이 필요한 사람에게 마을 언니들이 찾아가서 서비스를 제공한다. 도움을 주는 것, 나눔을 계획하고 실천하는 그들이 참 귀하고, 대단하다. 나눔의 아름다운 가치를 여전히 지키며 살고 있으니 부럽다. 나도 누군가의 도움으로 살아가고 있다.

§ 12월 29일(금, 흐림)

은행에서 달력을 얻어와 어르신께 보여드렸다.

"아이 이뻐라. 저 방에도 하나 걸어."

"네. 은행 달력을 쓰면 금전 운이 있대요. 내년은 청룡의 해 갑진년이래요. 글씨가 크니 좋지요? 음력도 다 나와 있어요."

"응."

"아침에 무얼 드셨어요?"

"고구마. 지금 밥 안 먹고 싶어."

포도를 드리니 오물오물 잘 잡숴다.

TV에서 성인가요 콘서트를 봤다. '불효자는 웁니다', '굳세어라 금순아', '이별의 부산 정거장' 같은 옛 노래가 나와 어르신과 같이 따라 불렀는데, 어르신께서 모처럼 즐거워하셨다. 나도 익숙한 노래여서 흥이 났다.

화투 하고, 그림책 '우리 집에 늑대가 살아요'를 읽어 드렸다. 처음에 늑대는 다정한 고양이 같이 접근했으나 점차 엄마와 주인공 아이를 슬프게 한다. 고함과 괴성, 그릇 깨지는 소리를 지른다. 아이는 벽돌로 요새를 만들고, 자기 마음을 꼭꼭 숨겨 두었으나, 결국 엄마와 아이는 늑대가 없는 곳으로 피신했다는 줄거리다.

그림책을 보면서 내가 더 공감하고, 나를 깨닫게 된다. 내가 자녀들에게 편하고 좋은 엄마가 아니었다. 늑대 같은 엄마여서 자녀들이 마음을 꼭꼭 숨겼을 것이다. 어릴 적, 불우한 가정환경으로 인한 내 근원적 열등감을 감추고자, 비뚤어진 내 욕심으로 자녀들을 닦달하고, 내 생각을 고집했다. 이제야 내 욕심과 악함을 인정한다. 그 잘못을 어떻게 갚을 수 있을까?

"어르신, 곧 설달그믐이라 누가 찾아올 수도 있겠네요?"

"기다리면 안 돼. 오면 좋고, 안 와도 할 수 없잖아."

§ 2024년 1월 1일(월, 맑은 후 흐림)

새해 첫날이다. 아침부터 카톡으로 멀리 있는 자녀들과 새해 인사를 나누었다. 어젯밤에 딸 부부와 사돈과 함께 교회에서 송구영신 예배를 드렸다.

어르신은 자녀들의 방문을 내심 기대했으나 아무도 오지 않았단다. 아침도 드시지 않고 힘없이 누워 계신다. 날이 푸근하니, 바람과 햇빛 쏘이라고 화분을 창문 옆에 두었다.

한동안 잊었는데 친정아버지도 말년에 참 쓸쓸히 지내셨다. 그때는 요양보호제도도 없었고, 누구 한 사람 찾아오지 않았다. 내가 모신다고 했으나 모시지 못한 그 책임을 지금 묻는 거 같다. 지금이라도 그 대가를 지불할 수 있어 다행이다. 사연 없는 사람이 어디 있을까? 핑계 없는 무덤은 없다고 한다. 악하거나 나약하거나 둘 중 하나일 것인데, 나는 둘 다였다.

미역국에 불고기로 점심을 차려드렸다. 고구마도 삶아 드렸다. 화투 하신 모습을 뵈니, 생기를 찾으신 거 같다.

TV를 보는데, 어린아이들이 트로트나 옛 가요를 잘 불러 놀랐다. 1950년대를 살아보지도 않았으면서, 쓰라린 피난살이 경험도 없으면서, 어쩜 그 시절 애환을 노래에 잘 녹아내는지 모르겠다.

저녁에 큰아들 내외와 코다리찜을 해서 같이 먹었다. 그리고 춘천에 사는 친정어머니께 전화로 안부를 전했다.

§ 1월 2일(화, 흐림)

주민센터에서 쌀을 가져가라고 어르신께 문자가 왔다. 나는 어르신을 대신해 끌차를 끌고 주민센터로 갔다. 신분을 밝히고 명단을 확인한 직원이 쌀을 내주었다. 어르신은 베란다 창문에서 날 기다리셨다.

"아줌마, 이쪽으로 와!"

쌀을 보시고 만족스런 표정을 하셨다. 작년 12월에 받았는데, 어디에선가 후원이 들어온 모양이다.

어르신은 윷놀이 하면서 모처럼 활짝 웃으신다. 잡고 잡히는 걸 재미있어 하신다.

"이것 봐. 이렇게 잡히네. 알 수가 없어."

그림책 '사라지는 것들'을 같이 봤다. 살다 보면 많은 것들이 사라지고 변하기도 하고 휙 지나가 버리지만, 단 하나 변하지 않는 것이 있는데, 그것은 결코 사라지지 않을 거라고 한다. 작가는 글자 대신 그림으로 엄마가 아이를 품에 안고 있는 모습을 그렸다. 낳고, 돌보고, 양육시켜 주시는 그 따뜻함 때문에 우리가 살 수 있고, 다음 세대가 이어지는 것이다.

"어르신이 예전에 막내따님을 낳고 기르셨지만, 이제는 막내따님이 어르신을 더 생각하지요?"

"그럼."

결국 마지막까지 남는 것은 관계이고, 사랑이라고 말하는 거 같았다.

§ 1월 3일(수, 흐림)

어르신이 어제 목욕을 하시고, 갈아입으신 옷을 세숫대야에 담가 놓으셨다. 설사도 약간 하셨다. 빨아서 세탁기에 탈수해 널었다.

"어제 목욕하셨어요? 소화는 이상 없어요?"

대답 대신 고개를 끄덕이신다.

오늘은 푸드뱅크에 가는 날이다. 끌차를 챙겨 버스로 갔다. 진열된 물건 중 5개를 가져 갈 수 있는데, 어르신이 미역국을 좋아하셔서 미역 두 봉을 담았다. 서비스로 빵, 화장품, 비누를 받았다. 2021년 3월에 신청했으니 2년간 무상으로 이용하고, 다시 2년 후에 이용한다고 알려주었다.

이것저것 많이 받아오니 어르신이 좋아하셨다.

"아줌마는 쌀 사서 먹어?"

"네."

"요즈음 쌀 10키로에 얼마 하지?"

"몰라요. 예전에는 사서 먹었는데, 지금은 시골에서 보내줘요."

갑자기 쌀값이 궁금하셨나보다.

§ **1월 4일(목, 흐림)**

"하루 종일 기다려. 하염없이 기다리지."

"누구를 기다려요?"

"막내."

"만나면 무얼 하고 싶으세요?"

"그냥 얼굴 보는 거지 뭐."

나도 친정어머니께 안부전화 드려야겠다.

오후에 대학 동기생 충미, 애선, 주현을 만났다. 늦은 점심을 먹고 찻집에서 이야기했다. 애선은 몸이 불편한데도 폐암에 걸린 친언니 식사시중을 들고 있다. 대단하다. 본인이 아픈 것은 조금도 생각하지 않고, 오직 아픈 언니 식사에만 전념한다고 한다. 어떻게 사랑하는지를 말이 아닌, 몸으로 보여주고 있다.

§ 1월 5일(금, 맑음)

"저게 뭐야?"

"보디빌딩이라고 몸을 단련하고 가꾸는 운동이에요. 저 분이 저렇게 1등을 많이 했대요. 지금은 사람들 가르쳐주고 있어요. 또 사람들 건강하라고 건강 전도사로 일하고 있어요."

어르신과 TV를 보는데, 아놀드 홍이 나와서 헬스 트레이닝에 대해 말한다.

"하던 대로. 먹던 대로. 할 수 있다. 하면 된다. 해보자. 헬스 트레이닝은 나를 돌아보는 것, 나와 관계를 정리하는 거, 남보다 나를 사랑하는 것이래요."

"우리는 팔 운동이나 하자."

하시면서 화투를 하자고 하신다.

화투 하고, 화분에 물주고, 화분을 창가에 두고, 집에 돌아왔다.

매주 금요일 밤에는 내가 즐겨보는 일본 드라마가 나온다. 제목이 '어떡할래 이에야스'다. 오늘이 48화 최종회다. 교회 목장예배가 끝나면 보통 11시가 넘는데, 긴장이 풀려서인지 몸과 마음이 느슨해진다. 이 목장예배를 마쳐야 일

주일이 다 지나간 것 같은 느낌이다. 젊었을 때 '야망'이라는 대하소설을 재미있게 읽은 적이 있다. 얼마나 재미있었던지 시댁으로 가는 배가 목적지에 도착한 것을 지나쳤을 정도였다. 낯선 섬에서 하룻밤 지내고, 다음 날 시댁에 도착했다.

과거를 들여다보고 해석한다는 것은 시대마다, 관점마다 다르겠지만 역시 흥미롭다. 지금 봐도 '삼국지'만큼 흥미진진하다. 그 시대도 사람 본성은 똑 같다는 느낌이 든다.

§ 1월 8일(월, 맑음)

오전에 결혼한 딸이 방학이라며 집에 왔다. 친정에 왔는데, 딸을 반가이 맞아주는 이웃이 없다. 이것이 도시 생활인 것이다. 딸은 아버지가 인터넷으로 여권을 신청할 수 있게 도와드렸다. 아무래도 우리 세대는 인터넷에 익숙하지 못해 손발이 대신하는 처지다. 겨우 했던 일만 하는 수준이지, 한 단계 더 높여 하는 것은 어렵다.

평소보다 40분 늦게 어르신 댁에 도착했다. 이렇게 작은 일에도 흐트러진 내 모습에 나를 돌아보게 된다.

"늦어서 죄송해요. 그런데 누가 왔었나요? 커피가 있어요."

"어제 막내아들이 왔어."

"어머, 엄청 기분 좋으셨겠네요? 며칠 전부터 보고 싶다고 하셨잖아요. 무슨 이야기하셨어요?"

"몰라."

밥을 새로 하고, 고구마도 찌고, 빵을 어르신이 드시기 좋게 데워드렸다.

§ 1월 9일(화, 눈)

아침부터 눈이 내린다. 눈이 내리니 날씨는 더 푸근한 거 같다.

"고구마가 작지만 맛있네."

"네, 눈이 와서 더 맛있네요. 어르신은 왜 식당을 하셨어요? 다른 일도 많은데, 특별히 음식을 잘하셨나요?"

"응, 나는 별로 욕심이 없었어."

욕심과 식당이 어떤 관계가 있는지 잘 모르겠다. 식사 후에 달걀 한 판과 순두부를 사왔다. 어르신은 찜보다 프라이를 더 좋아하셔서 간식으로 프라이를 해드렸다.

어르신과 그림책 '내 동생은 세상에서 가장 작은 집에 살아요'를 봤다.

할아버지와 할머니는 아파트,

외할아버지 외할머니는 요양원,

이모와 사촌언니는 물위에 떠 있는 배,

삼촌은 성,
고모들은 농가,
외삼촌과 외숙모는 방갈로,
모두 멋진 집이 있어요.
곧 태어날 동생은 따뜻하고 아늑한 세상에서 가장 작은 집,
엄마 뱃속에 있어요.

어르신께서 마무리를 하신다.

"으하하하, 10개월 동안 엄마 뱃속에 있는 것은 기가 막힌 일이지."

벌써 40년 전 일이다. 남편과 나는 음란하여 혼전동거 중 임신했다. 그때는 내 생각, 내 계획이 더 앞서 있으니 서슴지 않고 세 번이나 뱃속 아기를 지웠다. 이 그림책을 보며 돌이킬 수 없는 잘못임을 회개했다. 그렇게 잘못 살아온 것 때문에 지난날이 아름다운 것보다는 허망하고 죄책감이 앞선다. 얼마나 이기적이었으면 그런 일을 했을까? 내 자신이 소름끼치게 싫다.

§ 1월 10일(수, 맑음)

어르신이 간식을 잡수고, 나중에 밥을 드신다고 하셔서 방 청소하고 TV를 봤다.

고려시대 목종 임금의 어머니 천추태후와 김치양의 관계를 소개했다. 태후의 총애를 받으며, 그와 낳은 아들을 왕위로 올리기 위해 반란을 일으켰다가 죽임을 당했다. 목종은 남색에 빠졌다고 한다. 로마의 왕 중 여러 명이 남색을 했다는데, 동성애가 동서양이 서로 다를 바 없다는 생각이 들었다.

성경에도 비슷한 이야기가 있다. 창세기에 며느리와 동침한 유다가 '너는 나보다 옳도다.'라고 인정하며 회개했다. 우리 인간은 예나 지금이나 어쩔 수 없는 죄인이라는 말이 실감 난다. 태후가 그럴 수 있는가, 시아버지가 그럴 수 있는가? 라며 정죄할 수 없다. 누구도 행위로 구원받을 사람은 없단다. 내 과거를 돌아보면 '환경에 장사가 없다.'는 말을 인정할 수밖에 없다.

"재미없다. 우리 화투 하자."

어르신은 화투를 그림책보다 더 좋아하신다. 김치찌개로 늦은 점심을 드셨다.

§ 1월 13일(토, 맑음)

어제 교회 소년부 미경 선생님과 은숙 선생님과 속초에 있는 은숙 선생님의 별장에 갔다. 몇 달을 별러 약속한 것을 이행한 것이다.

속초에 도착해 점심 먹고, 바로 권금성으로 가는 케이블카를 탔다. 권금성은 고려 말 몽고에 끝까지 저항했던 산성이란다. 케이블카를 타고 눈 덮인 산세에 감탄했고, 이 진풍경을 사진보다 눈에 담아가자고 했다. 권금성부터 봉우리 꼭대기까지 아이젠을 차고 걸었다. 바람이 심하게 불어 히말라야를 등반하는 사람들은 우리랑 클래스가 다른 사람들이구나를 실감했다.

케이블카에서 내려 눈 덮인 고요한 산사, 아늑한 신흥사를 구경했다. 경내에서 쌍화차도 마셨다. 역시 우리네 정서와 운치에는 절이 가깝다는 심정을 알겠다. 구경하면서도 마음 한 구석이 시린 것은 어쩔 수 없다.

내 큰오빠는 안산에 살고, 둘째 오빠는 이른 나이에 스스로 목숨을 끊었고, 셋째 오빠는 스님이 되었다. 결핍과 상처 때문이다. 자살소동을 일으킨 나만큼이나 세상이 두렵고 무서웠을 것이다. 나는 정신병원에 거의 1년간 입원했었다. 오빠들 역시 사랑과 돌봄을 받아야 했는데, 가혹한 주위 환경에서 벗어나지 못한 피해자들이다. 그때는 생각하지 못했지만, 나보다 더 불안했을 것이다. 하나님은 고난과 절박한 환경을 주시지만 동시에 이겨낼 힘도 주신다고 했는데, 꼭 그런 것은 아닌 거 같다. 내 불행했던 가족사는 슬픈 기억으로 남아있으며, 우울과 강박과 열등감의 뿌리가 되었다. 당연히 힘들었지만, 역설적으로 인생의 시기마다 느닷없이 찾아오는 한계 상황을 받아들이고, 통과하는 데 힘이 된 것도 사실이다.

저녁에 우리는 즐겁게 식사하며 서로에게 좋은 동반자임을 확인하고, 밤새 이런저런 이야기를 나누었다. 다음 날 해돋이를 집 안에서 봤는데, 말로 표현할 수 없는 경외감과 초월적인 감동을 느꼈다. 매일 뜨고 지는 태양이지만 몰입해서 보니 색다른 감동이 있었다. 길게 퍼진 짙은 구름이 마치 나무같이 느껴지며, 내게 의미를 더했다. 태양이 구름을 뚫고 햇살을 비춘다. 따뜻함과 온기를 준다. 하나님이 자연에 당신의 성품, 인격을 담으셨다는 것을 이해할 수 있겠다. 내 인생에도 그렇게 은혜를 주신다. 먹구름 가운데 중간중간 온기를 비추어 이렇게 살고 있다. 전혀 볼품없지만 집안에 '명품 며느리'가 둘, '명품 사위'까지 있는 대식구가 되었다.

속초에서 고속버스 타고, 정오쯤 서울 터미널에 도착했다. 어제 어르신 댁에 갈 수 없어 오늘 오후 3시께 어르신 댁에 가기로 미리 약속했다. 치아가 없으신 어르신의 간식으로 사탕이랑 바나나를 준비해갔다. 어르신은 불을 끄고 누워 계셨다.

"점심으로 무얼 드셨어요?"

"안 먹었어."

서둘러 곰탕, 비지찌개, 달걀프라이로 점심을 차려드렸다. 식사 후 함께 TV를 봤다. 어르신은 평소 좋아하는 노래자랑을 보시며 즐거워하셨다.

§ 1월 15일(월, 맑음)

방 청소를 마치고, TV에서 맨손 체조를 했다. 나는 어르신 손을 붙잡고, 서서히 운동할 수 있게 도와드렸다.

"어르신, 손이 차갑네요."

"나는 원래 손이 차. 그래서 예전에 한약을 봄, 가을로 먹었어. 내가 엄살 부리지 않고 잘 참아서 그렇지 가만있어도 팔, 다리가 쑤셔."

뭔가 숙연해지는 느낌이다. 아픔과 통증을 참는 것이 보통 수준이 아니셨다. 어르신은 극한의 고독과 아픔에 맞서고 계신 것이다. 마침 TV에서 김 만드는 과정이 나왔다. 매섭게 추운 바닷바람에 맞서며 바닷물에서 김을 끌어 올린다. 그 김을 나는 너무도 값 싸게 먹고 있다.

§ 1월 16일(화, 맑음)

어르신께 달걀찜, 불고기, 비지찌개로 식사를 차려드렸다. 방 청소를 하고, 부엌에서 보던 책이 있어 마저 읽었

다. 한 20분쯤 지났을까,

"앞으로 책 보려거든 우리 집에 오지 마. 나라에서 돈 주는 이유는 나한테 신경 써서 잘 하라고 하는 거야!"

"어머, 죄송해요."

"세금으로 괜히 돈 주겠어? 나를 불편하게 하면 안 되는 거야."

"잘못했어요."

어르신께서 단단히 화가 나셨다.

"어르신 화투 하시게요."

사실 나는 한 시간 이상 화투 하는 게 힘 드는데, 어르신은 나보다 더 건강하신 것 같다. 이런 내 모습에 속이 상한다. 벌써 옐로우카드를 두 장이나 받았으니, 앞으로 이 일을 얼마나 더 할 수 있을지 모르겠다. 잠시라도 다른 일 말고 온전히 세 시간 동안 더 집중해야겠다. 그게 프로일 것이다.

§ 1월 18일(목, 맑고 포근함)

어르신께서 점심 드시면서 말씀하신다.

"평생 일해도 가난한 사람이 있어."

"그건 왜 그럴까요?"

"복 짓는 일을 안 해서 그래."

"어르신은 남한테 좋은 일을 많이 하셔서 자녀분들이 다 잘 되었네요. 성서에도 남을 윤택하게 하는 사람이 윤택하게 된다고 말했어요."

TV에 고려와 거란전쟁 프로가 나왔다.

"사람은 태어날 때부터 전쟁을 하는 거야."

"누구랑 해요?"

"식구끼리 하지. 여자는 집 안에서, 남자는 밖에서 전쟁하지."

뭔가 의미심장한 말씀이다.

§ 1월 19일(금, 맑음)

교회 소년부 수련회가 있어 파주에 있는 수련원에 다녀왔다. 이번 주제는 '갓 구운 빵'이었다. 게임하고, 먹고, 하나님 말씀으로 예배하며 전심으로 기도했다. 수련회는 아이들이 잠을 함께 자면서 더욱 친밀해지는 중요한 시간이기도 하다. 나는 토요일 전주 사돈네 결혼식이 있고, 저녁에는 교회 목장예배가 있어 일찍 수련원을 빠져나왔다. 내일 있을 아이들의 장기자랑을 볼 수 없어 서운했다.

이 수련원은 기도원으로도 유명한데, 내가 20대에 이곳에서 금식기도를 했다. 꼭 40년 만에 다시 찾은 셈이다. 부모님의 갈등 충격으로 자살 소동을 벌여 정신병원에서 1년 지내고, 퇴원해 이곳에 와서 기도를 했다. 내게 닥친 사건을 제대로 해석하지 못하고, 어찌할 바를 몰랐다. 살려 달라고 떼쓰며 무작정 20일을 작정하고, 금식기도를 했다. 비참하고 억울했던 환경에서 하나님을 찾았던 곳이다. 금식기도 17일 만에 엄마가 찾아와 돌아왔다. 지난 40년간 많고 많은 일들이 있었다.

부모님께 순종하는 것보다는 술에 취해 폭력과 폭언이 심한 아버지를 무시했고, 미워했다. 그게 큰 죄였다. 그런 상황에서도 엄마를 따라 살며 하고 싶은 공부를 겨우 마칠 수 있었다. 결혼하여 아내의 때를 지금까지 보내고 있다. 남편과 한 마음이 되어 신앙생활을 하니 다행이다.

세 아이를 낳아 엄마의 때를 지내며, 말씀보다는 늘 내 욕심과 열심이 앞섰다. 표리부동한 나로 인해 내 사랑하는 가족들이 실족하지 않고, 모두들 거룩하게 살며 구원에 이르기를 기도한다. 하나님 은혜로 세 자녀가 결혼하고, 지금은 할머니의 때를 지내고 있으니 더욱 감사드린다.

§ 1월 29일(월, 맑음)

닷새 만에 어르신 댁을 찾았다. 여행 중에도 가끔 어르신 생각이 났다. 수요일과 금요일에 70이 다 된 원장님이 대신하셨다. 손이 많이 가는 어르신은 아니지만, 처음에는 긴장했으나 어렵지 않게 어르신을 돌봐드렸다고 한다. 식사 차려 드리고, 말벗이 되고, 맞장구치며 공감하며 함께 시간을 보내면 되는데, 말처럼 쉽지는 않다.

은행에 가서 돈을 찾아 2층 주인댁을 찾아가 방세를 냈다.

"방세는 17일에 내잖아. 또 내는 거야?"

"여기 영수증 있어요. 지난달 방세는 26일에 냈어요."

"그래."

어르신이 갑자기 얼굴을 바꿀 때 가슴이 철렁 내려앉는다.

"냉장고에 고기 같은 게 있어서 장은 따로 안 봤어요."

나도 나름대로 잘 했다고 생각하는데, 이를 몰라줄 때, 인정받지 못할 때는 마음이 불편한 게 사실이다. 결국 내 자신을 이겨내는 것이겠다.

§ 1월 31일(수, 맑음)

어르신 댁에 들어서니 마루에 빨래가 가득이다.

"목욕하셨어요?"

"응. 머리가 가려워서 어젯밤에 했어. 이거 아줌마 보라고 놔뒀어. 일기에 써."

딜쿠샤 안내 소책자였다. 전에 일기 쓴다고 말씀드린 것을 기억하신 것이다. '딜쿠샤'는 페르시아어로 '기쁜 마음'이라고 하는데, 미국의 기업가이자 언론인이었던 앨버트 테일러가 1924년에 지은 집이다. 2017년에 국가등록문화

유산 '서울 앨버트 테일러 가옥'으로 지정되었다고 한다. 내가 읽고 쓰는 걸 좋아하니, 어르신께서 나를 생각해 갖고 계셨던 것이다. 어르신의 마음 씀씀이에 감사드렸다.

TV에 남한산성이 나왔다.

"옛날 사람들, 참 불쌍해. 저걸 쌓느라 얼마나 고생했겠어. 죽은 다음에 비석 하나 세워 주면 뭐해. 일이 끝나지 않으면 집에도 못 가잖아."

"그러게요. 옛날 사람들 참 고생했겠어요."

§ 2월 5일(월, 비 내리고 눈)

푸드뱅크마켓에 갔는데, 점심시간이라고 30분 넘게 기다렸다. 다섯 가지 품목을 받고, 서비스까지 풍성했다. 어르신은 작은방 의자에 앉아 나를 기다리셨다.

"이렇게 많이 받아오느라 고생했어."

어르신이 흐뭇해하신다. 주민센터에서 온누리 상품권을 준다고 연락이 왔다.

"주민센터에는 주민등록증을 갖고 갈게요."

어르신이 가방을 뒤져 찾았는데, 통장과 도장만 있고, 주민등록증은 어디 두었는지 모르겠다고 하신다. 화장대와 장롱의 서랍 안에 있는 것을 다 꺼내 확인했으나 없다.

"그냥 가볼게요."

주민센터에 가서 어르신을 돌보는 요양보호사라고 하니, 담당직원이 상품권을 줘 받아왔다. 어르신이 옷걸이에 걸어 둔 작은 손가방에서 주민등록증을 찾으시고, 라면 끓여서 같이 먹자고 하셨다.

§ **2월 6일(화, 맑음)**

"어르신, 어르신 문 열어 주세요."

어르신이 걷는 게 자유롭지 못해 시간이 걸렸다.

"늙은이를 도와주기는커녕 밥솥을 가져갔어?"

"밥은 항상 여기에다 했어요."

"그건 전기밥통이잖아. 밥통과 밥솥을 구별도 못해."

어르신께서 이러실 때는 참 이상하시다. 치매가 확실한 것 같다. 화투 하는 방법을 잊으신 것 같다. 말을 걸면 짜증 내시고, 자주 누우신다. 앉아서도 눈을 반쯤 감고 계신다. 이럴 때일수록 안정감 있게, 침착하게 대응해야 한다는데, 어르신의 말을 부정하는 말부터 나온다.

"찹쌀을 사와서 지금 쌀과 섞어야 해. 그래야 부드러워."

마트에 가서 찹쌀 이외에도 고구마, 단호박, 화장지를 샀다. 오는 길에 요양보호센터에 전화해서 어르신의 건강이 안 좋은 것 같다고 보고했다.

댁에 돌아오자마자,

"큰 다라이 꺼내 쌀을 섞어."

찹쌀과 쌀을 섞어 안방 장롱에 넣어두었다. 노인이 되면 의심이 많아진다고 한다.

"어르신, 장롱에 놔두면 쌀에 벌레가 생기지 않을까요?"

"지금은 덥지 않아 벌레 안 생겨."

캐나다에 사는 따님이 전화를 해와 어르신의 건강이 예전보다 더 안 좋다고 알려주었다.

§ 2월 7일(수, 흐림)

예전에 교회 목장예배를 드렸던 집사님을 만나 점심 먹고, 차를 마셨다. 함께 했던 지난날을 추억하며 서로의 근황을 묻고 답했다. 재미있고, 유익한 시간이었다.

어르신 댁에 가니, 전등을 끄고 계셨다. 혼자 계실 때 TV만 틀고, 전등은 끄신다. 그러니 분위기가 더 우울한 것 같다. 초코파이, 사탕, 고구마를 간식으로 드렸다.

"고구마가 작아도 맛있지요?"

"응."

"저기 나온 사람은 좀 뚱뚱하죠?"

"몰라. 뚱뚱하면 뭐하고, 이쁘면 뭐 하겠어? 돈이 많으면 비싼 밥 먹고, 비싼 가방 사는 거야. 남이 잘 되는 거 배 아파하면 안 돼."

TV에서 명품 가방을 이야기하니, 어르신이 한 마디 하신다. 그렇지만 무슨 말씀을 드리면 '몰라, 몰라' 하시면서 신경 쓰는 걸 싫어하신다. 누워만 계시니, 건강이 안 좋아지신 게 분명하다.

§ 2월 8일(목, 맑음)

"어디 갔다 와, 나 자려고 누웠는데."

"지금이 낮 12시예요. 점심 때예요."

"그래."

일어나 이불을 가지런히 개 놓으시며, 밥은 드시고 싶을 때 드시겠다고 하신다.

TV에서 황태덕장이 나왔다. 그곳 사장님이,

"우리 일은 하늘이 도와주어야 해요. 올해 날씨는 최상품이 많이 나오게 할 겁니다."

"어르신! 모든 일이 다 하늘이 도와주어야 하죠? 가정도, 결혼도, 돈 버는 것도, 자녀들의 앞길도…"

"그럼, 그렇지."

어르신은 한참 있다가 짜파게티를 끓여 달라신다.

§ 2월 9일(금, 맑음)

어르신이 누워 계셨다. 사과를 갈아드리고 청소했다. 시장에 가서 단호박, 고구마, 참치캔을 사왔다. 단호박을 쪄서 식사를 차려드렸다.

"이렇게 밥을 많이 가져오면 어떻게 해!"

"밥이 식어 미역국에 말았어요. 이 정도는 드셔야 해요."

"그건 내 뱃속이 결정할 일이야."

"죄송해요."

그림책 '하나의 작은 친절'을 읽어드렸다. 작가는 친절이 친절로 이어지는 아름다운 세상을 꿈꾸며, 일상에서 일어나는 작고 사소한 이야기를 그렸다. 아무런 글이 없으니 보는 이의 상상력에 맡기나 보다.

"어르신! 지하철 타보셨죠?"

"그럼, 서울에서 지하철 안 타고 어떻게 살아?"

"이 그림은 젊은 사람이 노인에게 자리를 양보하는 거예요. 그런 경험 있으시죠?"

어르신이 고개를 끄덕끄덕하신다. 내일이 설이라 캐나다에 사는 따님이 전화했다.

"엄마, 잘 지낸다."

어르신은 늘 이렇게 말씀하신다.

§ 2월 12일(월, 맑음)

어르신 댁에 들어가 화장실을 살펴보니, 대야에 빨랫거

리가 있었다.

"목욕하셨어요?"

"응."

냉장고에 도토리묵이랑 생선이 있다.

"누가 다녀갔어요?"

아무 대답을 안 하신다. 기분이 별로이신 것 같다. 눈에 힘을 주시고 정면만 바라보신다.

"누구라면 알아?"

큰소리로 화를 내신다. 오늘은 기분이 영 안 좋으시다. 어르신의 이런 모습이 돌아가신 친정아버지를 떠올리게 한다. 찾아오지 않는 자식이 얼마나 원망스러웠을까? 내가 바로 그 범인이었으니 드릴 말씀이 없다. 나는 자녀 시절에 바른 자녀로 살지 못했다. 마땅히 돌봄 받아야 할 아버지를 원망했고, 무시했다. 너무도 철없이 막무가내로 살았다. 어떻게 살아야 하는지를 몰랐다. '내가 젊었을 때 지은 죄를 내가 받게 하시오며'라는 성경 말씀이 생각난다. 부모님께 순종하지 못했던 게 늘 내 발목을 잡는다. 생명의 전달자이신 부모님께 죄스럽다.

§ 2월 13일(화, 맑음)

남양주에 사는 딸을 만났다. 교회 목장 식구들과 나누라고 돌김을 전해주고, 점심을 함께 먹었다. 딸이 임신했다고 목장에서 자기 일처럼 섬겨 준다고 하니 감사드릴 따름이다. 임신 초기인 딸이 조심한다고 하지만 신경이 쓰인다. 최대한 조심하라고 일렀다.

오후에 어르신 댁에 갔다.

"무를 사다 생선에 지질까요?"

"아니."

어르신이 고개를 흔드신다.

"그럼, 김치 넣고 지질까요?"

고개를 끄덕이신다. 김치 넣고 조기 다섯 마리를 넣었다. 여러 양념을 해서 푹 익혔다. 도토리묵이랑 점심상을 차리니, 어르신은 맛있게 드셨다.

기운이 나셨는지 내게 TV 내용을 설명하신다.

"남자들 넷이서 뭐 해 먹는 거야. 저기 앉아있는 사람이 제일 잘해. 애들이 재미있게 살아. 쌀 사고, 고기 사고, 반찬 사가서 맛있게들 해 먹어. 저것 봐, 하하하"

§ 2월 14일(수, 흐림)

어르신은 간식을 드셨으니, 밥은 나중에 잡수겠다고 하신다. TV에서 '비 내리는 호남선' 노래가 나와 따라 부르신다. 또 다른 사랑 노래가 나오니,

"우리는 언약도 못하고, 고백도 못해 보고 살았어. 부부란 같이 살 때만 좋은 거야. 살다보니 이 나이가 됐어."

어르신의 말씀을 들으니, 마음이 안 좋다. 옛날 사람들 다 그럴 것이다. 친정엄마도 그렇다.

피부 만병통치약, 이명래 고약에 관한 이야기를 들으시며,

"옛날에 고약이 저거 밖에 없었어. 많이 발랐지."

하신다. 종기 치료제로 드비즈 신부가 만들었고, 당시 아이였던 이명래가 잔심부름하며 도왔다. 후일 '이명래 고약'으로 거듭났다고 한다.

어르신 기분이 무척 좋으신지 '2010년 2월 4일'이 적힌 어느 종교기관의 대학원 앨범을 보여주셨다. 사진의 건물이며, 사람들 한 사람 한 사람 설명해 주신다. 무척 행복한 모습이다. 어르신의 이런 모습을 처음 본다.

"어머, 참 고우시네요."

"하하하 그때가 좋았지. 나 잘살았어. 부러운 거 없었어."

어제보다 더 많이 웃으신다.

§ 2월 15일(목, 맑음)

어르신은 요 근래 TV를 보시거나 주무시고, 다른 움직임이 전혀 안 하신다. 화투를 하신 지 열흘이 넘었다. 아마 잊어버리신 것 같다. TV에서 화산이 폭발하는 장면을

보여주니, 내게 설명해 주신다.

"우리가 살고 있는 땅 아래가 불로 되어 있어. 때가 되면 저렇게 나와."

"네."

"저 나라는 왜 전쟁하지? 먹고 살기도 힘든데…"

새 장면이 나올 때마다 한 마디씩 하신다. 그 옛날, 아무것도 없었던 시절에 10남매 키우며 살아낸 힘으로 지금의 생활과 아픔을 묵묵히 견디시는 것 같다. 사람이 늙도록 존귀하고 아름다운 것은 불가능한 일일까?

§ 2월 16일(금, 맑음)

현관문을 열고 들어가니 어르신의 머리띠와 머리끈이 바닥에 떨어져 있다. 평소 단정하신 분이라 의외였다. 어르신이 무릎아래 정강이를 손으로 쓰다듬는다.

"추우세요? 바지를 따뜻한 걸로 갈아입으시겠어요."

"아파, 아파서 그래."

별 도리가 없다. 방안이 따뜻하니, 어르신은 여름 바지를 입고 계신다.

방 청소를 마치고 그림책을 읽어드렸다. 제목은 '집 안에 무슨 일이'이고, 겉표지에 입체적으로 보이는 창문이 뚫려 있다. 가로 8센티, 세로 10센티 크기로 네 개 창문을 만들었다. 어쩜 이런 생각을 다 했을까? 신기하다.

첫 번째 할머니가 보인다. 마녀, 용, 늑대, 찍찍이 의사 선생님, 꿀꿀이 아주머니, 곰 아저씨, 여우, 염소, 박쥐, 코끼리 아줌마가 차례대로 나오며 각자 재미있는 일상을 보여준다. 그러면서 근사한 집이 새 주인을 기다린다고 알려준다.

"어르신! 여기서 살고 싶으세요?"

"아니."

"누가 제일 좋아요?"

"꿀꿀이 아줌마."

"맛있는 거 먹고 싶으시죠?"

TV에서 드론으로 새에게 먹이를 주는 장면이 나온다. 철새들의 겨울철 끼니 걱정을 해결한다. 로봇이 분리수거를 돕는다. 30명이 하던 일을 로봇 한 대와 다섯 명이 한다.

"참 재주도 좋아. 어쩜 저런 걸 만들었을까?"

어르신이 감탄하신다.

황금 연못이 말을 한다. 가장 가까우면서, 가장 모르는 게 가족이란다. 사연 없는 가족이 없다며, 출연자들이 각자의 비밀을 이야기한다. 내 경우에는 가족의 비밀이 때로 열등감으로 작용하지만, 반대로 세상을 헤쳐 나가는 힘이 된다. 나를 성숙시키는 에너지가 되어 지금까지 살고 있는 것이겠다.

§ 2월 19일(월, 비)

TV는 켜져 있고, 어르신은 누워 계셨다. 흔들어도 잠에서 못 깨신다. 삼계탕을 만들며 한참 부엌에서 일하는데, 어르신이 일어나셨다.

TV에서 서수남과 하청일의 노래 '구두쇠 인생'이 흘러나왔다. 예전에 들어본 것도 같은데 새로웠다. 가사가 참 재미있다.

흐르는 물처럼
흐르는 세월처럼
정말 분주한 세상살이
땀 흘려 벌었으니 쓸 때는 알뜰하게
구두쇠가 되어보세~

근검절약의 중요함이 예나 지금이나 다르지 않다. 지금 젊은 세대들은 '살아내기'보다 '잘 사는 것'에 치중하는 것 같다. 무조건 구두쇠보다, 가성비와 합리적인가를 따진다. 발전된 소비 형식 같아 좋아 보인다.

중국 음식이 소개되었다. 프라이팬을 기름으로 열두 번이나 코팅한다는 것이 놀랍다. 어르신이 갑자기,

"중국은 넓고 추워서 잘 먹어야 한대. 이북도 얼마나 춥다

고. 예전에 나도 잘 먹었지."

자랑삼아 말씀하신다.

§ 2월 20일(화, 비)

어르신은 삼계탕을 조금 드시고, 김치 지진 것을 잡숴다. 김치가 입맛에 더 맞는 것 같다. 나는 오면서 사온 김밥을 먹었다.

"김밥을 아주 잘 샀어. 맛있어. 이게 얼마야?"

"네, 맛있어요. 3,800원이에요."

잠시 후에 요양보호센터 사회복지사 선생님이 명란젓을 갖고 오셨다. 치아가 없는 어르신 반찬으로 안성맞춤이었다. 선생님은 치매안심센터에 연락했으니, 조만간 직원이 나와서 여러 가지 검사를 할 것이라고 했다. 나는 아무래도 어르신의 기력, 인지력, 기억력이 예전 같지 않아 걱정된다며, 필요한 것을 신경 써주어 감사드린다고 했다. 사회복지사 선생님이 어르신께 여쭈셨다.

"어르신! 여기 요양보호사가 뭘 좀 해드리면 좋으시겠어요?"

"내 자식도 내 맘대로 안 되는데, 돈 벌려고 온 사람한테 무얼 기대해. 난 원래 말 안 해."

"물론 돈은 벌려고 왔지만, 어르신께서 필요한 일을 얼마든지 할 수 있어요."

어르신이 쿨하게 대답하시지만, 선생님이 반박했다. 자녀들, 외부 환경, 외부 자극에 의존하지 않으려는 모습이 하루아침에 생긴 것은 아닐 것이다. 어르신 내면이 그만큼 단단하기 때문이리라. 자녀분들이 찾아오지 않는다며 가끔 푸념하신 걸 보면, 어르신은 늘 상반된 감정을 품으며 당신을 다독이는 것 같다.

셋이 민화투를 하고, 사회복지사 선생님이 가시고, 어르신과 둘이 했다. 어르신은 뒤패가 잘 맞아 재미있게 하셨다.

§ 2월 23일(금, 맑음)

어르신께서 TV를 보고 계셨는데, 기운을 차리시어 다행이다. 점심을 드시고 여전히 TV만 보신다. '글로벌 짠테크'를 방영한다. 일본 베스트셀러 작가는 작은 원룸에서 사는데, 한 달 전기료로 1,800원을 낸다. 매달 생활비 35만원을 넘지 않는 영국 할머니도 있다. 이런 분들을 보니, 얼마든지 소비를 줄일 수 있고, 환경보호도 할 수 있겠다. 이런 일을 실천하는 분들이 있으니 안심이다.

"예전에 어르신도 많이 절약하셨죠?"

"그럼, 부엌에 불 꺼."

곧바로 적용하신다. 주민센터의 돌봄 담당 선생님이 안부전화를 했다.

TV에서 이상한 챌린지가 있다고 소개한다. 무조건 SNS를 따르거나, 팔로우를 만드는 것은 인정받고, 관심받기 위해서라고 한다. 몸을 해치고 심지어 사망하고, 많은 손해를 입히며 임계치를 넘는다고 한다. 요즘 청소년들의 내면이 약하고, 마음의 근육이 약하다며 걱정한다.

어르신께서 말이 없으셔서 신경이 쓰인다. 치매안심지원센터에서 화요일 오후에 방문하겠다고 연락이 왔다.

§ 2월 26일(월, 맑음)

어르신이 식사를 마치시자 기다렸다는 듯,

"은행에 가는 날이네요. 통장과 도장 주세요."

"가방에 있어."

가방에 도장만 있고, 통장이 없다. 침대 바닥을 보고, 장롱 안을 열었다. 어디서부터 찾아야 할지 막연했는데, 몇 번 뒤적거리다 내가 찾았다. 은행에 다녀오니, 어르신이 설거지를 해 놓으셨다. 워낙 깔끔하신 분이라 내가 하는 것이 미덥지 않았던 것 같다.

TV에서 아파트가 나왔다.

"어르신! 아파트에서 사신 적 있으시죠?"

"그럼. 나 잘 살았어, 없는 거 없이."

지난날을 생각하면 늘 흐뭇해 하신다. 그 힘으로 지금의 쓸쓸함과 안타까움을 이겨내시는 것 같다.

§ 2월 27일(화, 맑음)

"햇볕이 따스하고 바람도 부드럽고 상쾌해요. 창문을 조금 열까요?"

"그렇게 해."

TV 보다가 어르신이 작정하셨는지,

"이 카바를 빨자. 나는 여태까지 창틀 닦는 사람 못 봤어. 자기 살림이 아니니 그렇지. 그렇게 육신 아껴서 뭐할라고. 돈 벌려고 왔지. 나 좋아서 왔겠어. 그러니 탓을 안 해. 나는 사람을 절대 안 믿어. 사람 믿는 것은 바보나 하는 거야. 여기 걸레로 신발 놓는 현관 닦고, 계단도 닦어."

봄맞이 대청소가 시작되었다. 어르신의 말씀이나 교회에서 듣는 말씀이나 '사람은 믿음의 대상이 아니고, 사랑의 대상'이라는 것을 거듭 알겠다. 매사에 고무장갑 끼고 일을 하니 소리를 들을 만하다. 설거지, 빨래, 방 청소, 걸레질을 할 때 고무장갑을 사용한다. 침대 커버를 빨아서 작은 방, 건조대에 널었다.

잠시 후 보건소에서 치매검사를 하러 두 분이 오셨다. 매뉴얼대로 여러 가지를 어르신께 여쭈었다.

"6년 전에는 만점 가까이 받으셨는데, 오늘은 많이 떨어지네요. 그래도 정상이네요. 원하시면 정밀 검사를 받을 수 있어요."

"아니야. 나 다니는 병원에서 받을 거야."

요양보호센터에 치매검사 결과를 알려드렸다.

§ 2월 28일(수, 흐림)

TV에서 정선의 '가리왕산, 갈왕이 꿈꾼 하늘정원'이 나왔다. 눈꽃 설경이 참 멋있다. 어르신이 한 말씀 하신다.

"저렇게 산에 사는 사람들은 괴짜들이야. 마누라를 생각해, 자식을 생각해? 산 냄새 맡은 사람들은 산에서 살지, 우리처럼 도시에서는 못 살아."

정선 주민들은 유산으로 케이블카를 만들었다고 자신감이 넘친다. 가리왕산에 관해 다각도로 설명해주었다. 갈왕의 피신부터 그 이름의 변천까지 알려주었다. 깊고 험하지만 품을 수 있는 넉넉함 때문에 국가 정원이 되길 바란다고 한다.

"저 모습 보시면 고향 생각나시죠?"

"음."

고개를 끄덕이신다. 이어서 노래자랑이 나왔다. 흥의 민족이라며 신나게 노래한다. 어르신은 노래를 좋아하신다.

지난 추석 연휴 부천 화재 때 순직한 소방관의 아들이 태어났는데, 보훈부 장관이 방문해 소방관의 부인을 축하

했다고 한다. 사고 당시 임신 4개월이었단다. 이런 소식을 접할 때마다 깊은 내 이기심과 악함을 본다. 내 생각대로 태아를 낙태했던 죄, 그것도 세 번이나 했으니 정말 할 말 없는 인생이다.

§ 2월 29일(목, 흐림)

날씨가 흐려서인지 어르신이 별말씀 없이 식사하신다.

"날씨가 흐려요. 기운이 없으셔요?"

"응. 화투 하자."

화투가 없다. 장롱을 열어봐도 안 보인다. 서랍에도 없다. 내가 사다드린 건데, 또 사와야 할 것 같다.

"제가 그림책 읽어 드릴게요."

어르신께 '우체부 코스타스 아저씨의 이상한 편지'를 읽어 드렸다. 코스타스 씨는 섬에서 딱 한 명뿐인 우체부인데, 마지막으로 일하는 날이었다. 전화도 없던 시절, 걸어서 편지를 전했다. 글을 모르는 사람들에게는 내용을 읽어 드린다. 50년을 일했다. 어느날 받는 사람 주소에 아저씨의 이름이 적혀있어 열어보니, 초대장이다. 마을 사람들이 코스타스 씨를 위로하고, 축하한다는 내용이었다.

"어르신은 식당을 오래 하셨죠? 마지막 날 모두들 서운했겠네요."

"그랬지."

그림책이 예사롭지 않은 게 남편 이야기 같아서다. 남편이 오늘 날짜로 퇴직한다. 겉으로는 아니라고 하지만, 많이 섭섭할 것이다. 새로운 생활에 적응하는 것도 문제다. 불편한 것을 마주할 때 성장하고, 새로운 기쁨도 느낀다고 한다. 이불 속에서는 자아실현을 할 수 없다고 했다. 오직 만남의 축복이 있기를 기도한다.

§ 3월 4일(월, 맑음)

굳은 땅을 뚫고 나오는 어린 풀들이 봄을 알린다. 어르신이 누워 계신다.

"어르신! 일어나세요. 물 드시고 간식 잡수세요."

싱크대 밑에 있던 냄비와 양재기가 창가 베란다에 있다.

"왜 여기에 이걸 갖다 놓으셨어요?"

"누가 가져가려고 해서. 밥솥도 가져갔잖아. 뚱뚱한 아줌마던데."

간식 드시면서 TV를 봤다. 별종 기획이다. 25년 전 아내와 헤어지고, 수많은 고물을 귀한 악기로 만드는 사람이 있다. 폐차장의 고철, 타이어를 두드려가며 음을 맞춘다. 결국 좋은 오케스트라와 협연하는 꿈을 이룬다. 이렇게 외로움을 극복한다고 소개한다.

120키로나 되는 자전거를 매일 여섯 시간을 탄다. 이혼 후 18년의 외로움을 자전거가 달래준다며, 커다란 성취도 목적도 없이 계속 달린다. 뇌경색과 당뇨를 앓았는데, 자전거로 건강을 되찾았다고 자랑한다. 자전거가 애인이란다.

"멀쩡하게 생겨 가지고..."

어르신도 이상한가보다. 사람은 자신의 감정을 다른 사람과 나누고 싶어 한다. 먼저는 배우자와 가족일 것이다. 사람과 부대끼며 기운을 얻는다. 상황이 여의치 않을 때 다른 방법으로 나누며 세상과 연결되길 원한다. 자신만의 방법으로 각자 외로움을 극복한다.

나는 중학교 졸업식 때 가족이 오지 않아 외로웠다. 그 당시에 가정이 없어졌고, 나 살기에 급급했다. 혼자 살아가는 것도 힘들었다. 그때는 부모님을 많이 원망했다. 막상 내가 부모가 되니, 만만치 않았다. 자녀들 감정을 잘 읽어 알아주지 못했다. 지금 자녀들이 나를 살갑지 않게 대하는 게 당연하다. 말하기 민망하지만 신뢰를 잃은 점이 있다. 남편에게도 썩 좋은 아내도 못 된다. 세심하고 정확한 남편을 맞추지 못하니, 남편은 늘 불만이다.

§ 3월 6일(수, 흐림)

새로 밥을 했다. 김이 올라오는 따순 밥상을 차렸다. 반찬은 미역국, 명란젓, 달걀프라이, 조기조림이다.

"아, 걸다. 밥 먹었어?"

"네. 전 먹고 왔어요."

어르신이 흡족해하신다. 90년을 넘게 한결같이 밥상에서 밥을 드셨다. 밥장사도 하셨다. 삶이라는 게 단정할 수 없이 복잡하지만 밥 한 공기에서부터 시작된다. 그래서 예전 우리의 인사말이, '식사하셨습니까?'가 아닐까.

요즘은 참 좋은 게 많다. 첨단 장비와 발명품, 기발한 프로젝트, 시공간을 초월한 유튜브 내용, 인공지능, 게다가 물자가 풍부하다. 이런 것들이 모두 밥 한 공기에서 출발한다. 요양보호사의 주된 일이 어르신께 식사를 챙겨드리는 것이다. 집 안에서 어머니, 아내의 가장 중요한 일도 밥하는 것이라고 생각한다. 많은 주부들이 그러하듯, 아플 때만 빼고 밥상 차리기에 전심을 기울인다. 밥은 위로다. 밥 차리는 일에 더욱 자부심을 느끼며 살아야겠다.

§ 3월 7일(목, 해 나고 비)

마지막으로 푸드뱅크마켓에 갔다. 청포도, 젤리, 김, 자반, 된장, 곰국, 미역, 빵 여러 가지를 받았다. 돌아오는 길에 주민센터에 들러 카드를 반납했다. 2년 후 주민센터에 다시 신청하면 이용할 수 있다.

푸드뱅크마켓에 다녀오는 날이면 어르신은 바깥이 보이는 작은방 의자에 앉아 나를 기다리셨다. 그런데 오늘은 안방에 계속 누워 계신다. 몸이 불편해 별 말씀이 없으시다.

TV에서 세계 제일의 갑부 일론 머스크의 개인사를 말한다. 어려서 부모가 이혼했고, 엄격한 아버지 밑에서 자랐다. 그 대신 공상과학책을 엄청나게 많이 읽었다고 한다. 그때 읽은 책의 내용을 지금 구체화하는 것이다. 확인된 그의 자녀가 열한 명이다. 너무 앞서가는 사람의 정신세계를 전부 이해하는 것은 어렵고, 불가능하다. 다만 어려서 결핍이 긍정적이고, 자신을 발전시키고, 모두에게 도움이 되고, 기쁜 쪽으로 나가야 한다고 사회자는 강조한다.

§ **3월 8일(금, 바람이 참)**

소박한 반찬이어도 어르신은 언제나 불평하지 않고 드신다.

"밥을 잘 먹어야, 밥해 주는 사람도 좋아해."

습관적으로 밥알을 다독다독하시며 잇몸으로 잘 드신다. '이가 없으면 잇몸으로 산다.'는 말이 실감난다.

TV에서 소를 돌보는 수의사 이야기를 소개한다.

"소는 지푸라기만 먹는데, 저렇게 살이 찔까?"

"원래 풀만 먹게 태어났대요."

소도 자식 대하는 것처럼 인격적으로 대하면 온순하고,

욕하고 때리면 난폭하다고 한다.

"진짜 자식과 똑같네요."

"음."

고개를 끄덕이신다.

예전 가요가 나온다. '촛불'이다.

"뭘 지새워?"

"어르신도 잠이 안 오실 때 있잖아요?"

"있지만, 사랑 때문은 아니지."

"옛날 가수들 목소리가 훨씬 구성져요."

"요즘 청춘들은 뭐잖아."

노래보다 제목이 좋은 것도 있다. '폼 나게 살 거야'에서는 어차피 주어진 인생 폼 나게 살 거란다.

집에 돌아와 저녁에 친정어머니로부터 전화를 받았다. 서울 병원에서 검사 결과가 나왔는데, 폐섬유화 초기 증상이라고 하셨다. 올 초에 기침이 심해 병원에 갔더니 폐가 이상하다는 진단을 받았는데, 약으로 섬유화 진행을 멈출 수 있다고 하니 안심이다.

§ 3월 9일(토, 맑음)

어르신은 엊그제 받아온 간식을 드시고, 밥은 나중에 잡수겠다고 하신다.

어르신과 TV를 본다. 66세에 시니어 모델이 된 할머니, 76세에 대학에 입학한 할아버지가 나오셨다. 시작이 늦은 때는 없다고 사회자가 말한다. 감동적이다.

인도네시아 자바 섬에는 땅속에서 진흙이 계속 분출되는 진흙화산이 있다. 진흙 때문에 열 개가 넘는 마을이 매몰되었다고 한다.

"저것 봐, 하늘의 이치는 아무도 몰라."

"그럼요. 하나님이 하시는 일을 우리가 어찌 알겠어요."

"그러니까 우리는 하늘과 땅 중간에 사는 거야."

진흙화산을 처음 봤다. 땅속에서 부글부글한 에너지가 계속 끓고 있다고 한다. 땅속에는 강렬한 기운이 있다고 배웠는데, 진흙화산은 처음 듣는다.

팔도음식 편에서 '고마워 할매' 프로그램을 소개했다. 할머니들과 청년들을 맺어주는 거다. 할머니들의 음식 노하우와 삶의 지혜를 젊은이들에게 알려주고, 청년들은 할머니들에게 활력을 드린다. 상생의 계기가 된다고 한다. 어떤 청년은 일주일 있으려고 했는데, 지금 5개월째 머문다고 한다. 처음이라 서툴지만 지루할 틈이 없단다. 음식뿐 아니라 '무궁화 꽃이 피었습니다'라는 전통 놀이를 할머니와 청년들이 함께 하는 것이 보기 좋다. 사회자는 음식은 어제와 오늘을 이어주는 기억의 끈이라고 강조한다.

§ 3월 11일(월, 맑음)

"50이 넘은 뚱뚱한 여자가 들어와 부엌에 있는 솥을 가져갔어. 나쁜 년이야. 어떻게 남의 것을 가져갈까?"

어르신이 나를 보자마자 대뜸 이렇게 말씀하신다.

"아, 그랬네요. 솥이 탐났나 봐요."

"우리 딸이 다시 찾아준다고 했어."

어르신과 TV를 보는데, 50이 넘은 여성이 가마솥을 만든다. 극한 작업으로 불꽃이 튀면 손과 얼굴을 다친다. 계절에 상관없이 늘 뜨거운 곳에서 일하지만, 힘든 만큼 자부심도 있단다. 기름으로 마무리하고, 불로 길들인 가마솥이 고객한테 갈 때는 딸 시집보내는 것 같다고 한다.

"어르신 솥도 저렇게 좋았어요?"

"저거보다 작았어."

병에 든 커피가 보인다.

"누가 다녀갔어요?"

"막내아들."

어르신은 커피를 좋아하신다. 저번에 영양 음료를 사왔는데, 이번에는 커피만 가져왔나보다. 곧 어르신 생신이라 다녀간 것 같다.

저녁에 육아휴직을 신청한 딸이 시간 내어 왔다. 미역국과 잡채가 먹고 싶다고 해 서둘렀다. 딸이 임신하고 친정에 온 것이 금의환향한 것 같다. 모든 자녀가 낳고 낳고의 인생을 살았으면 좋겠다.

§ 3월 12일(화, 비)

어르신 댁에 도착해서 현관문을 열었는데, 안쪽에 걸쇠가 걸어져 문이 안 열린다.

"어르신, 어르신!"

현관문을 두드리며 큰 소리로 불렀다. TV 소리에 묻혀 내 목소리가 전달되지 않을까 걱정했다. 다행히 한참만에 어르신이 나와 문을 열어 주셨다. 한 달에 한 번 정도는 걸쇠로 잠그시는 것 같다.

"이불을 빨자. 여기는 가루비누를 넣어야 해."

드럼세탁기는 물비누를 넣는 걸로 아는데, 어르신이 강경하시다.

"신발장에 가루비누가 없네요."

찾는 데 시간 걸리고, 걸리적거리는 게 많다.

"이게 다 뭐야? 버려, 없으면 사야지."

언성을 높이신다. 가루비누 사는 것이 짜증스러우신가 보다. 드럼세탁기를 지켜보시다가 잠시 멈추니,

"세탁기가 안 돌아가."

"물을 받을 때는 안 돌아가요. 그리고 기계는 도중에 문 열

면 고장 나요."

세 번이나 같은 말을 되풀이하신다. 어제 목욕한 옷도 빨았다. 늘 그렇듯 속옷은 삶고, 겉옷은 손빨래 해서 탈수해 널었다.

큰 냄비에 닭고기 넣고 김치를 지지는데, 뚜껑이 없다.

"이 냄비 뚜껑이 없네요?"

"어떤 여자가 가져갔어. 도둑년이야."

빨래하고 TV를 보며 여쭈지도 않았는데, 어르신이 설명해 주신다.

"저 신랑이 엄청 착해. 그런데도 신랑을 머슴처럼 부려. 착한 사람을 독사로 만들어. 여자가 너무 사나우면 못 살아."

이렇게 말씀하시는 어르신의 정신은 맑다. 어떤 때는 혈기를 내시고, 너무 급하게 말씀하실 때는 내 남편을 보는 것 같아 웃음이 나기도 한다.

집에 와 친정어머니께 안부전화를 드렸다. 약이 독해 식사가 어렵다고 하셔서 걱정이다.

§ 3월 13일(수, 맑음)

"어린 사람이 아기 키우느라 고생하네. 언제 커서 초등학교 갈까? 저것 좀 봐 하하하..."

TV 보시며 어르신이 맘껏 웃으신다. 세 살, 다섯 살, 일곱 살 아이들이 참 귀엽다. 뜸을 들이지 않고 바로바로 느낌을 표현하는 아이들이 부럽다. 나도 그럴 때가 있었는데… 이 프로가 걱정 근심을 싹 가시게 한다. 이 꼬마 아이가 어느덧 자라 대학생이 되고, 성인이 되어 결혼하고 부모가 된다.

'생각연필'이란 그림책을 읽어 드렸다. 내용이 재미있다.

좋은 생각은 어디에서 오나요?

멀리서, 아주 가까이서, 금세 오나요?

차분하게 기다리나요?

마침내 온 생각을 잡으면 몰래 빠져나가지 않도록 잘 챙기세요.

"어르신! 요즘 무슨 생각을 하세요?"

"나는 편하게 살아. 욕심이 없으니까."

"그래도 자식들 생각하시죠?"

"그럼. 막내를 제일 생각해."

생각은 세상에서 가장 크고, 가장 무섭고, 가장 아름다운 거라고 한다.

저녁에 딸이 전화해 내가 별 뜻 없이 의도치 않게 같은 이야기를 반복해 상대방의 오해를 사게 한다고 한다. 결혼하고, 딸은 남편한테 그런 부분을 지적받았다는 것이다. 그 원인을 생각했는데, 우리 가족은 서너 번 이야기가 오가면 각자 자기 방으로 가든지, 자기 일을 하는 습성이 있다며 푸념했다.

"친밀감이 없어서일까? 마음을 나누고, 마음을 표현하는 법을 몰라서겠지. 친밀감이 금방 생기는 것도 아니고, 직장에서 만난 사람들처럼 선 안으로 들어가지 않는 걸까?"

"엄마는 큰오빠한테 '이번 학기에 힘든 거 있었어? 특별히 긴장되는 거 있니?' 라고 알아주었으면 좋았을 텐데."

딸은 큰오빠의 마음이 체휼되었는지 눈물 젖은 음성이다.

"외할머니나 엄마 시절에는 생존 그 자체가 문제였지? 그러니 엄마 잘못도 아니야. 나는 아이를 낳아, 잘 기를 수 있을까?"

"그럼. 너는 나보다 나아. 자녀 마음을 더 잘 알아줄 거야. 무엇이 되어 사는 게 문제가 아니라, 어떻게 사느냐가 더 문제라고 했어. 나보다 더 잘할 거야."

딸을 안아주고 싶었다.

§ 3월 14일(목, 맑음)

어르신의 생신이다. 어르신이 좋아하는 음식이 미역국이라 새삼스럽다는 생각을 하면서도 미역국을 끓여드렸다. 생일이 별 의미 없는 것 같지만, 그 힘든 겨울을 보내고,

또 한해를 맞이하신 것이다. 방 안에 계시면서 무엇이 그리 힘드시냐고 할 수도 있지만, 말로 표현할 수 없고, 대체할 수 없는 병마, 고독, 외로움을 맞이하고 계신다.

"비 오려나 봐. 다리가 콕콕 쑤셔..."

"드시고 싶은 거 말씀하세요. 오늘이 어르신 생신이에요."

"생일? 난 너무 오래 살았어."

"화분에 물 줘야 해요. 햇볕 쬐라고 창문가에 둘게요."

"꽃 피겠다. 몽우리가 맺혔어."

뭔가 움트는 계절이라 새로운 꽃망울이 맺혔으니 철쭉도 곧 피겠다. 꽃이 피듯, 어르신도 새롭게 또 한 해를 보내셔야 한다. 고목에서도 꽃이 피지 않은가.

어르신과 TV를 보는데, 주인공이 말한다.

"진심 어린 사과를 받고, 아픔과 이별하고, 잘 살기 바래요."

살면서 여러 형태의 이별이 있고, 피해 갈 수는 없다. 어르신은 다른 말씀을 하신다.

"저 남자 장가 안 갔나봐."

어르신께서 이해하시는 게 있고, 어떤 것은 이해하지 못하시는 것 같다.

어젯밤 딸과 나눈 대화가 자꾸 마음에 걸려서 큰아들에게 사과하는 문자를 보냈다. 마음을 나누고 표현하는 것에 무지한 엄마, 네 힘든 마음을 몰라주었던 엄마를 용서하라고 했다. 내가 자녀들 마음을 잘 알아주었으면 자녀들이 훨씬 더 풍성하고, 여유 있게, 재미있게 살 텐데, 늘 안타깝다. 유독 큰아들에게 공부를 강요했으니, 가장 큰 피해자였을 것이다.

§ 3월 15일(금, 맑음)

어르신은 간식으로 바나나를 드시며 TV를 보신다.

"세상에는 저렇게 밥도 못 먹는 애들이 많은가봐."

"그런가봐요. 우린 감사드리죠."

음식이 넘치는 시대인데, 뭔가 부조리하다. 아는 것과 현실은 다르다. 먹는다는 것은 배고픔을 채우는 것 넘어서 마음과 감정을 채워줘야 하는데, 그렇지 못하다.

뉴스에 '틱톡' 때문에 10대 여아들이 화장을 많이 한다고 한다.

"애들이 벌써부터 저러니."

"그러게요."

너무 일찍 시작하면 오히려 피부가 망가질 것인데 걱정이다.

다음 프로에서는 쓰레기가 너무 많이 나와 상황이 심각하다고 한다.

"먹고 나서 쓰레기 버리는 것도 큰일이지."

"그럼요. 요즘 분리수거가 어려워요."

은행 청소를 하면서 분리수거 하는 게 시간이 많이 걸린다. 물론 가정에서도 마찬가지다. 재활용이 되는 것인지 아닌지, 분류가 헷갈리기도 한다.

임진왜란 때 귀화한 사야가 김충선 장군을 소개했다. 그는 조선에 오자마자 전쟁을 하지 않고 바로 항복했으며, 조선군에 조총 기술을 알려주었다. 여러 전투에서 조선군으로 일본군과 싸웠다. 후손들이 나와 이야기했는데, 참 아이러니다. 평화주의자, 배신자라는 말을 동시에 듣는다고 한다. 그의 조상이 백제인이 아닌지 모르겠다.

TV를 보다가 어르신이 누우셨다. 한 시간쯤 누워 계셔서 흔들어 깨웠다.

"어르신, 식사하셔요."

사골 국물, 김치찌개, 명란젓으로 늦은 점심을 드셨다.

§ 3월 18일(월, 맑음)

"땅속에서 불이 올라와. 불이 올라오는데 어쩔 수 없어. 재앙이야 재앙. 하늘에서 떨어지는 것을 누가 막아. 굶어진다잖아."

어르신은 TV에 나오는 화산 뉴스, 우박 뉴스를 보시곤 브리핑을 하신다.

"저 오염수는 어디서 오는 거야?"

"생활수를 정화 안 하고 하천으로 보내서 그렇대요."

"남자들도 살기 힘드니 맨날 싸우지."

곧 댄스 동아리를 소개하자,

"하하하, 거 신나겠다. 난 저런 데도 못 가봤어.

아픈 아이가 나오니,

"저 애는 누워서 먹어. 그러니 저 부모는 얼마나 속상할까? 자식이 아프면 부모는 속이 터지지."

오랜 세월의 연륜이 있으신 어르신께서도 다 생각하고 계신다.

"우리 화투 하자."

오랜만에 어르신과 화투를 했다. 그때 캐나다 따님이 전화했다. 옆에서도 들린다.

"엄마, 생신 때 미역국 드셨어요?"

"엄마 잘 있다. 지금 화투 한다."

어머니께 오고 싶어도 못 오는 따님의 심정이 오죽할까?

§ 3월 19일(화, 흐림)

노래를 좋아하는 어르신은 TV에서 '가요 콘서트'를 자주 보신다. 신나는 노래가 많다. 어르신도 나도 흥얼거린다. 모처럼 내가 아는 노래, '물살의 깊은 속을 항구는 알까?'가 나왔다.

"살면서 다 알아달라고 자식 키우는 거 아니죠?"

"그럼, 우리 애들은 착해."

"어르신 복이죠."

모르고 사는 것도 많겠다. 그런데 때가 되면 알려지고, 드러나는 것도 있다. 부모가 되어서 부모 마음을 알았고, 관계에서 상대방의 깊은 속을 모를 때가 한두 번 아니다. 또 자녀 마음도 모르고 지나쳤다. 그 대가를 지금 치루고 있다. 나보다 아빠를 더 좋아하고, 속 깊은 이야기를 아빠랑 한다.

§ 3월 21일(목, 맑음)

들기름 칼국수 밀키트가 있어 칼국수로 점심을 차려드렸다. 늘 드시는 게 아니어서 약간은 색다른 맛이겠다. TV '가요 콘서트'에서 신나는 노래가 나왔다. 어르신은 대뜸,

"노래하고 죽은 사람, 놀음하고 죽은 사람, 춤추다 죽은 사람들 많아. 저렇게 태어났으니까 하는 거야. 우리보고 하라면 하겠어?"

이어서 네 명이 토크쇼를 하는데 두 명이 이혼하고 재혼한 이야기를 한다.

"평평하게 사는 사람이 얼마 없어."

"그럼요."

이혼한 당사자도 힘들겠지만 그 자녀들 또한 녹록치 못해 우울하고 힘든 삶을 산다. 신혼의 출발은 자신 있고,

꿈이 있어 뚜벅뚜벅 걷지만, 살다보면 예기치 못한 상황이 더 복잡해지고 갈등이 증폭되는 게 문제다. 나는 20대에 그걸 겪었고, 결혼하면 절대로 이혼하면 안 된다는 것을 뼈저리게 체험했다. 어르신과 이런저런 이야기를 하는데, 막내아드님이 쑥 들어왔다.

"영양 음료가 잘 배달되었는지 확인차 들렀어요."

"아직 남은 게 있어요. 여기 창문가에 두면 좋겠어요."

아드님은 어르신과 꼭 두 손을 잡더니 곧 나갔다.

"엄마, 나 간다."

§ 3월 22일(금, 흐림)

점심식사를 준비하고 있는데, 요양보호센터의 사회복지사 선생님이 방문했다. 한 달에 한 번 오시는데, 벌써 그날이 돌아온 모양이다. 어르신 드시기에 좋은 망고를 사왔다.

"어르신! 잘 지내셨어요?"

"네, 행복합니다."

우리는 까르르 웃었다. 생각지 않은 대답이었다. 어르신의 사인 받고, 나도 사인 했다. 선생님은 치매와 욕창의 예방과 관리 지침을 출력해 오셔서 설명해 주었다. 특별한 것은 없었고, 주로 반찬에 관해 팁을 알려주었다.

어르신께 그림책 '작은 별을 주운 어느 날'을 읽어드렸다. 땅에 떨어진 별을 잘 씻겨주고 치료해 주었다. 건강을 되찾은 별이 다시 밤하늘로 날아갔다는 이야기다.

"어르신, 별을 보시면 무슨 생각을 하세요?"

"별은 별인가보다 하지 무슨 생각을 해. 나는 고집 있는 여자야. 그런 거 생각한 적 없어."

살아내는 게 목적이었던 시대를 겪어서일 것이다. 어르신은 6·25전쟁으로 국토가 폐허되었던 시절, 황폐했던 시절을 온몸으로 살아내셨고, 자녀들을 키우셨다. 별을 보며 꿈을 꾸고, 사랑과 희망을 가진다는 것은 어느 세대의 말일까? 그 시절에 온전한 가정을 가진 사람이 얼마나 될까? 당신 자녀 다섯, 아이 다섯을 놔두고 친정 올케가 떠난 오빠네 아이들까지 모두 어르신이 키우셨단다. 얼마나 열심히 사셨을까? 아니 극성스럽게 생존력 넘치게 사셨을 것이다. 책에서 보든, 드라마에서 보든 제 한 몸 건사하기 힘든 시대였다. 그 궁핍한 시절을 잘 견뎌내시며, 연결고리 역할을 잘해주셔서 오늘날 우리가 있는 거다. 그것만으로도 어르신은 존중 받아 마땅하다.

§ 3월 26일(화, 흐림)

"아침 반찬으로 무얼 드셨어요?"

"몰라. 지금 먹자."

순두부찌개, 쇠고기무국, 달걀프라이를 해서 점심을 차려드렸다.

"제가 먹을 김밥 사올게요. 먼저 드시고 계세요."

다음 주가 부활주일이다. 교회에서 부활절 전도축제를 한다. 전도축제의 풍성한 열매를 위해 한 끼 릴레이 금식기도를 하는데, 나는 지난주에 했다. 그런데 남편은 오늘 한다고 하여 덩달아 같이 하느라 밥을 못 먹었다. 고난주간, 깊은 묵상을 통해 하나님의 사랑을 알고, 그 사랑과 생명의 흔적을 알게 해달라고 기도했다. 내 존재의 밑바닥을 알고, 오로지 하나님의 사랑과 은혜에 감사드린다. 여기에 나를 끝까지 사랑해주신 좋은 부모, 좋은 선생님, 좋은 이웃, 좋은 친구를 만나 지금까지 살아온 걸 감사드린다.

"이 김밥, 참 맛있다. 잘 샀어. 아주 잘 샀어."

"어르신도 김밥 많이 싸셨지요? 아이들 소풍 때랑, 식당 하시면서요?"

"그럼. 식당 하면서 많이 샀지."

"진짜 맛있었겠네요?"

"사람들이 맛있고, 푸짐하다고 했어. 그러면 난 더 잘해주고 싶었어. 이 동네 음식이 맛있어."

"네. 어르신은 모르시는 게 없네요."

"나이를 먹었으니, 90이 넘었어."

약간 의외였다. 여태껏 이 동네 음식이 맛있을 거라는 생각은 안 해봤다. 그런데 일리 있는 말이다. 라면도 끓여 드렸다. 어르신 표정이 참 밝아 좋았다. 내가 옆에서 같이 먹으니 더 좋아하시는 거 같다. 음식을 나눔은 시간을 함께 보내려는 따뜻한 마음을 이어주는 것이다. 내 노후는 어떨까? 아직 그림이 떠오르지 않는다.

오후에 피부과를 찾았다. 기미, 주근깨가 신경 쓰여 예쁘게 다듬고 싶은 마음이다. 몸은 날씨 변화에 민감하니 사시사철 옷을 갈아입는다. 그래서 보온을 하고 적당한 온도를 유지한다. 그런데 얼굴만큼은 예외다. 꽁꽁 얼어붙은 매서운 겨울바람도 겨우 마스크 한 장으로 견디고, 뜨거운 햇살에는 모자를 쓰거나 그늘 찾는 게 고작이다. 내 몸 가운데 가장 용감하고 외부와 직접 접하는 게 얼굴이다. 그런데 남편한테 피부과에 간다고 솔직히 말하지 못하고, 사후 통보하는 게 왠지 찝찝한 현실이다.

§ 3월 27일(수, 맑음)

"밥 먹은 지 얼마 안 돼. 이따가 먹을 거야. TV 보자. 늙어서는 TV 없으면 안 돼!"

TV 채널을 여기저기 돌리시다가 '가요 콘서트'를 트셨다. 남자 가수가 '상하이 트위스트'를 신나게 부르며 춤춘다. 어르신이 막 웃으신다.

"어쩜. 남자가 저렇게 잘해. 아들이 노래한다고 했을 때, 저 부모는 속상했겠다. 우리 애들은 나한테 많이 당하고 살았지. 엄마 살아있을 때 공부하라고 했지. 학생이 공부를 해야지. 무슨 노래냐고 호통을 쳤어. 우리 애들은 절대 못 듣게 했어. 그때는 많이 속상했겠지. 그래도 이 험한 세상에 직장 갖고 다 잘 살아."

"시킨다고 다 하는 거 아닌데, 자녀분들도 대단하네요."

잠시 애들 생각이 났다. 둘째의 중학교 선생님이 둘째가 수학여행에서 노래와 춤을 참 잘한다고 하셨다. 집에서는 전혀 몰랐는데, 바깥에서는 달랐던 모양이다. 그렇게라도 해주어 잘했다는 생각이 든다.

제주 출신 진시몬이 부모와 함께 나온다. 구구절절이 옳은 이야가다. 인생 별거 없는데, 무슨 출세를 한다고, 욕심을 부렸을까? '모란'이라는 노래가 흘러나온다.

너희만 잘 살면 된다.
미안해 말아라.
세상살이가 얼마나 힘든 것인데…
언제나 엄마는 너의 편이다.
제발 아프지 마세요.

노래를 들으면서 어르신께서 한숨을 쉬며 말씀하신다.

"누가 아프고 싶어서 아프나?"

어르신도 팔다리가 쑤신다고 하시고, 내 친정엄마도 폐가 안 좋아 약을 드신다.

어르신 댁을 나와 교회 소년부 선생님의 친정어머니 장례식에 갔다. 80세인데, 오랫동안 파킨슨병을 앓으셨다고 한다. 갑자기 기도가 막혀서 돌아가셨는데, 너무 오랫동안 고생하셔서 호상이라고 했다.

§ 4월 1일(월, 맑음)

"난 저렇게 난장판 같은 옷은 안 입어봤어."

어르신이 간식 드시면서 TV에 나오는 사람을 가리키며 하신 말씀이다.

"그냥 평범한 옷이 더 잘 어울리죠. 예전에는 한복도 많이 입으셨죠?"

고개를 끄덕이신다. 프로그램 진행자들은 눈길을 끌기 위해 옷을 요란하게 입지만, 비교적 잘 소화한다.

어르신의 젊었을 때 모습은 윤용의 '나물 캐는 여인'을 연상시킨다. 나는 이 그림이 좋아 액자에 담아 책상 위에 두었다. 물론 복사본이다. 일 앞에서 당당하고, 옷차림새도 평범하다. 세상일에 꾸밈 없고, 솔직하다. 특별히 단장

하지 않아도 일하기 위해 나서는 뒷모습이 참 멋있다. 다른 사람에게 의존하지 않고, 내가 벌어 내가 먹는다. 세상에는 손에 물 안 묻히고, 흙 안 묻히는 사람보다는 나 같은 무수리가 훨씬 더 많다. 바로 이런 사람들에 의해 하루하루를 살아내고, 일상이 이어지고, 다음 세대가 연결된다. 윤용은 그 가치를 알기에 이미 18세기에 이런 그림을 그렸을 것이다.

지난번 후원 받은 칼국수가 남아 별미로 끓여드렸다. 어르신은 순두부찌개에 밥도 드셨다.

§ 4월 2일(화, 맑음)

어르신 댁 대문을 열고 들어갔는데, 주인집 아드님이 뭔가 공사를 하고 있다.

"혹 보일러를 볼 수 있을까요?"

"네."

밖에서 무슨 소리가 나니, 어르신이 마루에 나오셨다.

"어르신, 이 분이 보일러 선을 찾아야 한대요."

"그래?"

어르신은 주인집 아드님을 잘 모르시는 것 같다.

"보일러 연통이 이렇게 보여야 하는데, 여기는 제가 모르는 다른 방식인가봐요. 방을 다 뒤져도 보일러 선이 안 보이네요.

다시 와서 보겠습니다."

딱할 노릇이다. 전기장판이 있어 한겨울을 따뜻하게 지내신 것이 다행이다. 주인집 아드님이 돌아가고, TV를 봤다. 남자들이 만드는 요리 프로가 나왔다.

"저 머슴아들 좀 봐. 요리한다고 야단이야."

"요새는 남자들도 요리 잘해요. 일류 요리사도 남자가 많아요."

무척 재미있게 요리를 한다. 먹는다는 것은 피할 수 없는 즐거운 본능이다. 이왕이면 맛있게 먹으려고 끝없이 연구하고, 개발하는 거 아닐까? 함께 먹는다는 것은 한 가족이며, 하나가 된다는 뜻이다. 같이 먹었다는 것은 같은 시대를 살아왔다는 말이다. 같이 먹었던 자녀들이 어느새 가정을 이루어 산다.

결혼한 자녀들을 위해 매일 기도한다. 세상의 '갑'이 되어 잘 먹고, 잘 사는 게 아니라 신앙인의 가치관으로 살기를 기도한다. 세상 욕망이 가득해 양육했던 지난날을 회개한다.

심리학에서 결핍이 꿈과 목표를 갖게 한다는 것을 전적으로 동감한다. '결핍성공'이란 말도 있다고 한다. 결핍을 해결하려고 달렸지만 결국 또 다른 결핍을 쌓아 올리는 성공을 추구한다는 것이다.

서로 사랑하고 위로해주고, 지지하는 따뜻한 가정에서 자라지 못한 나는 애정 결핍과 열등감으로 빗나간 열심을 자녀들에게 쏟았다. 이제는 자녀를 키우며 겪은 크고 작은 사건 가운데서 일하시는 하나님의 뜻을 찾고, 약속의 말씀을 믿어 살기를 원한다. 이 땅에서 천국을 누려야 하고, 나중에 우리 모두가 천국에서 만날 것을 소망하기 때문이다.

§ 4월 3일(수, 흐림)

어르신 댁에 가면 어르신은 TV를 보고 계신다. 오늘도 점심을 드시면서 채널을 돌리며 계속 보신다. 어떤 유학생이 나와 한국어를 유창하게 한다.

"우리나라가 제일 살기 좋대. 그런데 애들이 없으니 저렇게 외국 애들이 들어오잖아. 애들 못 낳게 했으니 죽일 놈들이지."

"그러네요. 지금 애를 안 낳아 야단이래요."

뉴스에 나오는 이민 행렬을 보시며 말씀하신다.

"자기 나라가 얼마나 어려우면 남의 나라로 갈까? 저 많은 사람들이 가서 뭘 해 먹겠어? 가기도 전에 굶어 죽겠네."

"어휴, 딱하네요."

이번에는 황해도가 고향인 사람이 철원에 살게 된 내력과 농사 이야기를 한다.

"어르신, 고향 생각 나세요?"

"몰라!"

"어르신, 농사지어 본 적 있으세요?"

"없어. 뭐가 독하다 독하다 해도, 사람이 최고 독해. 그러니 먹고 살라니까 땅을 파는 거야. 우리는 땅에서 나오는 것으로 먹고 살잖아."

어르신이랑 주고받은 이야기 중에는 좀 더 생각해야 하는 것도 분명 있다. 산아제한은 멀리 못 보고 한 계획이라 무척 아쉽다. 두고두고 안타깝다. 그 피해가 너무나 크다. 회복하는데, 100년이나 걸린다고 한다. 입학생이 없는 초등학교가 전국에 100개가 훨씬 넘는다고 한다.

§ 4월 4일(목, 맑음)

야채볶음을 하는데,

"엄마, 휴대폰 가져왔어요."

어르신 막내아드님이 고장 난 휴대폰 대신에 새로 휴대폰을 구입해 가져왔다. 저장된 번호를 새로 옮기는 작업까지 마치고 어르신께 시험해 보시라고 건네 드린다. 바쁜 가운데서도 어머니 일이라고 시간 내주어 고맙다.

그림책 '나의 작은 아빠'를 읽어 드렸다.

내가 조그마했을 때 아빠는 커다랗고, 나는 계속 자라났고, 아빠는 갈수록 작아졌다. 작아질수록 방 청소도 안 하고, 아무데서나 자고, 사소한 것을 잊어버리고, 점점 어린아이처럼 굴었다. 내 크나큰 아빠가 인형처럼 작은 아빠가 되었고, 작은 아빠는 법이나 책 같은 많은 것을 잊어버렸다. 그런데 내가 이야기해 드리고, 게임하고, 놀아 드리면 아빠는 늘 기분이 좋다.

어르신이 특별히 관심을 보였다. 지금의 환경이 그림책을 크게 공감하시게 하는 것 같다. 그림책을 보는 어르신 눈빛이 총총하다. 뚫어져라 집중해 보신다. 지금까지 본 책 중에서 가장 깊게 느끼시는 거 같다. 그림의 깊은 의미를 파악하며, 사람의 끝을 감지하신 걸까. 유달리 몰입하시는 것 같아 한 번 더 읽어 드렸다. 글을 쓴 작가는 자신에게 성을 물려준 할아버지께 감사드린다. 친정아버지를 생각하면 한없이 죄스럽다.

오늘 폐섬유화를 앓고 계시는 친정엄마가 서울에 오셔서 진료를 받으셨다. 남편이 병원에 가서 점심을 대접해드렸다. 친정엄마는 집이 아니고, 병원이어서인지 더 반가워하시며 눈물을 글썽이셨다고 한다. 내가 돌봐드려야 하는 엄마가 되셨다.

§ 4월 5일(금, 맑음)

어르신이 누워 계시다 인기척이 나니, 얼른 일어나셨다. TV에서 '나이아가라 폭포'를 방송한다.

"테레비 있으니 세상 구경 한다. 멋지고, 요지경 세상이야."

간식을 차려드렸다. 방송에서 상대를 맞추는 게임이 나오는데, 어르신께서 엉뚱한 말씀을 하신다.

"저렇게 감시를 해도 도둑질할 사람은 다 해."

어르신이 프로의 내용을 정확히 인식하지 못하는 경우가 종종 있는데, 이를 조심스럽게 응대해 드려야 한다.

"네. 그러네요."

"어떤 여자가 와서 우리 솥을 이렇게 보고 저렇게 보더니 가져갔어."

"언제요?"

"며칠 전에."

유독 어르신이 도둑, 솥, 그릇에 예민하시다. 벌써 열 번 넘게 이야기하신다. 거기에 대해 안 좋은 기억이나 상처가 있는 것 같다. 풀 수 있으면 좋을 텐데, 어떻게 시작을 해야 할지 모르겠다. 부엌에 있는 큰 냄비와 그릇을 안방 장롱과 창문 베란다에 갖다 놓으셨다. 필요할 때마다 안방에서 어르신께 말씀드리고, 꺼내 쓴다.

"어르신, 이 냄비 쓰고 갖다 놓을게요."

어르신이 왼쪽 팔뚝을 주무르신다. 내가 만지니,

"아퍼."

살이 없으니 갈수록 팔뚝이 얇아진다.

"비가 오려나봐. 다리가 콕콕 쑤셔."

어르신은 이렇게 정신적으로, 육체적으로 망가지고, 근육이 줄어드는 씁쓸한 여정을 겪고 계신다.

§ 4월 6일(토, 맑음)

모처럼 미역국을 끓이려고 미역을 물에 담갔다. 다진 쇠고기는 냉동실에 충분히 있다. 산모용 미역은 불리는 데 시간이 걸리고, 어르신께 안 좋다. 부드러운 미역이 좋다. 어르신은 요리 프로를 오래 보신다. 여러 가지 생각이 드실 것이다. 지난날 치아가 좋을 땐 모든 게 맛있었을 것이다. 그때를 회상하시며 대리 만족하시는 걸까? 맛난 거 먹는 사람들이 좋아보여서일까? 요리 프로는 여러 사람에게 도움을 준다.

"어르신, 저 음식 드시고 싶죠."

"응, 지금은 많이 먹을 수 없어. 조금만 먹어도 배불러."

간식을 먼저 드시고, 두 시간 지나서 미역국으로 점심식사를 하시고, 그림책을 보셨다. '집이 날아가 버렸어요!'다.

어느 날 집이 날아가 버려 집주인이 당황했다. 도움을 청하러 경찰서, 자연재해복구센터, 분실물관리센터, 항공보안센터를 찾았으나 별 방도가 없었다. 한 마리 새처럼 하늘을 나는 집을 따라다녔는데, 정확히 할머니 집이 있던 곳에 도착했다. 할머니 집은 태풍으로 무너진 뒤, 다시 짓지 않았다. 집주인은 드디어 열쇠로 문을 열고 들어간다.

"저건 하늘이 한 일이야, 하늘이. 집도 날아갈 수 있어."

"그래요. 하늘이 집을 옮겨 놓았네요. 할머니 냄새, 할머니 음식, 따뜻했던 어린 시절이 모두 생각나서 그래요."

집주인뿐 아니라 우리 모두는 돌아갈 고향, 본향을 그리워하며 찾아간다. 그곳은 눈물 없었던 곳으로 기억된다.

남은 시간에 할머니랑 화투 하고, 집에 돌아왔다.

§ 4월 8일(월, 맑음)

언제나 어르신의 인사는 손 흔들기다. 처음 만날 때도, 헤어질 때도 손을 흔드신다. 우선 밥부터 지었다. 평범한 일상이지만, 아침밥은 시작이고, 저녁밥은 위로가 된다는 말을 실감한다. 물론 우리 삶을 위로해 주는 것은 이외에도 많다. 지금 당장 어르신의 지친 삶을 위로해드리는 것은 소박한 밥상이다.

"늙으면 밥심으로 사는 거야."

돌아가신 시아버지께서 하신 말씀이다. 어르신 식사가 여러 가지로 신경 쓰이는 것은 사실이지만, 치아가 없어서 반찬이 한정되어 죄송하다.

어르신 댁을 나와 남편과 함께, 열차를 타고 남양주에

사는 딸네로 갔다. 딸은 임신 17주째다. 지난달에는 입덧이 심해 정신이 없었는데, 지금은 건강을 되찾았다고 한다. 어제 만든 음식, 시금치나물, 부추김치, 미나리전으로 같이 밥을 먹었다.

식사를 마치고, 딸의 정기검사가 있어 산부인과에 함께 갔다. 딸의 초음파사진을 보는데, 우리를 구원하러 여자의 자궁에 점으로 오신 예수님 생각이 났다. 하늘 높은 곳에서 영광 받았던 예수님이 우리의 연약함을 체휼하러 이 땅에 오신 거다. 마냥 신기하다. 옛날에 어떻게 아이를 낳았는지 까마득하다.

카페에서 차를 마시며 이런저런 이야기를 하는데, 내가 그동안 억눌려 가며 참았던 감정이 폭발했다.

"당신한테 더 이상은 못하겠어. 잘하려고 했는데, 이거 하면 또 다른 것을 요구하는 당신의 완벽주의를 만족시킬 수 없어요. 화를 내며 내 자존심을 짓밟고, 나를 개무시하잖아. 정말 죽고 싶어."

나는 남편한테 내 감정을 솔직히 이야기했다. 딸이,

"엄마도 분명 연약한 부분이 있고, 그때그때 풀어야 하는데, 쌓아두어서 그래요. 지금이라도 이야기하는 게 건강한 거지. 아빠도 같이 살기 힘든 부분이 있어요. 서로 인정하세요."

"내가 잘못했다. 여보, 미안해요. 화 풀어요. 이제부터 진짜 변할게."

"엄마, 죽고 싶은 게 아니라, 이대로는 못 살겠다고 말해야죠."

나는 창피한 것도 모른 채 한참을 울었다. 참 서러웠다. 딸의 중재로 각자 안 되는 자기 모습을 인정하게 되었다. 나는 원래 성격이 꼼꼼하지 못하고, 남편은 부엌일로 나를 통제하려는 욕구가 강하다. 아주 사소한, 양파 한 개 썩으면 난리를 친다. 그때 나는 빡친다. 성경에서 '사람의 원수가 자기 집안 식구리라.' 하듯, 나는 남편을, 남편은 나를 서로 원수로 살아왔다.

"엄마, 지금 기분 어때?"

울고 나니 시원해졌는데, 민망했다. 딸네로 돌아와 저녁밥을 지어먹었다. 집밥의 중요성을 강조하며, 웬만하면 반찬도 해먹으라고 권했다. 시간 있으니 하루에 한 가지씩 해보라고 했다. 딸은,

"이제 어떤 게 건강한 맛인지 조금씩 알아가고 있어요. 사랑받은 내가 적용할 것은 주신 반찬을 남김없이 먹는 거예요."

모처럼 딸과 데이트가 여러모로 서로에게 유익했고, 흐뭇했다.

§ 4월 9일(화, 맑음)

어르신 댁으로 가는 길에 벚꽃 눈송이가 떨어져 있고,

바람이 불 때마다 흩날린다. 밟고 걷는 기분이 참 좋다.

'봄바람 휘날리며 흩날리는 벚꽃 잎이~~ '

혼자 흥얼거린다. 한껏 부풀었던 꽃잎이 땅바닥으로 떨어진다. 활짝 핀, 기분까지 확 핀 시간이 짧다. 벚꽃이 너무 빨리 진다. 어느 시인이 그랬다, 모든 것이 충만해 있을 때, 실은 그것이 작별 인사였다는 것을 뒤늦게 안다고. 우리는 빛, 꽃, 바람 따위 기억으로 또 한 계절을 살아낼 힘을 얻는다고 했다.

어르신은 간식을 먼저 잡수면, 밥은 나중에 드신다.

TV에 팔꿈치 통증으로 아픈 사람이 나왔다.

"아직 젊은데, 젊은데 벌써 아프네. 어떻게 일을 안 하고 살아?"

어르신이 걱정하신다.

"어르신은 일 많이 하셨죠? 아프기 전까지는 계속하셨죠?"

"그럼."

의사와 함께 나온 물리치료사가 말한다.

"약은 당연히 먹어야 하지만 스트레칭과 휴식으로 근육을 개선시켜야 합니다."

다 아는 이야기 같아도 수고가 동시에 따른다. 실천이 항상 어렵다. 그때 캐나다에 있는 따님이 전화했다.

"자식 잘 되는 게 제일 행복하지. 좋은 소식 고맙다. 할머니가 좋아한다고 얘기해줘. 너도 고생했어."

어르신이 아주 카랑카랑한 목소리로 말씀하신다.

"우리 손주가 대기업에 취업했대."

"어머. 참 잘 되었네요."

이렇게 부모 자식은 연결되어 있다. 멀리 살아도 부모에게 연락하고, 부모의 축하와 지지를 받는다. 나도 자녀들이 직장에 합격할 때가 제일 좋았던 거 같다. 한 번에 되는 사람도 있겠지만, 우리 아이들 셋은 모두 몇 년을 고생하며 취업했다. 본인들이 제일 힘들었겠지만 지켜보는 사람도 고단했다.

몇 년 전에 둘째랑 수요예배를 드리고 지하철로 돌아오는데, 젊은 청년이 표를 점검했다.

"이제는 저렇게 점검하는 사람도 대단해 보여."

"원래 대단한 사람들이야."

내 잘못된 시선, 가치관을 회개했다. 소위 세상에서 잘나가는 직업만을 바라고, 강요하고, 차별했던 것이다.

가수가 나와서 노래하는데, 제목이 '너만 잘 되면 돼'다. 자식 잘 되기 바라는 부모 마음을 직설적으로 이 한 곡에 담았다. 부모 마음을 바로 직시한 것 같다.

오늘이 큰아들 생일이다. 나중에 따로 만나기로 하고, 우선 카톡으로 축하했다.

§ 4월 12일(금, 맑음)

날씨가 갑자기 초여름처럼 덥다. 어르신 댁 창문을 활짝 열었다. 간식 드시고, TV를 본다. 주제가 '한국인들은 왜 어려보이는 것을 좋아할까?'다.

"이쁘면 어때, 미우면 어때, 생긴 대로 살아야지. 자기 생긴 대로 살아, 수수하게."

"주위에 예쁜 사람이 많으면 신경 쓰여요. 저도 맛사지 받아요."

처음 보는데, 발맛사지를 하는 분이 나왔다. 얼굴을 발로 마사지를 하면 굉장히 시원하다고 한다. 얼굴 주위에 뭉친 근육을 풀어주니 얼굴이 동안이 된단다.

"나는 그냥 해 줘도 못하게 할 거야."

어르신처럼 연세가 많은 사람은 안 받을 것 같다. 손맛사지에서 발맛사지로 점점 진화하는 것이겠다.

주민센터에서 간호사 선생님, 사회복지사 선생님, 간호실습생이 나왔다. 간호사 선생님은 나이가 들어 보이고, 사회복지사 선생님은 젊다. 이분들이 방안을 둘러보더니,

"에어컨이 없네요. 여름에 덥겠어요."

그동안 에어컨이 있는지, 없는지를 몰랐다. 아직 여름이 오지 않아서이다. 간호사 선생님이 당뇨와 혈압을 체크하고, 정상이라고 했다. 약을 드시지 않아 다행이라고 했다. 간호사 선생님이 이것저것 여쭈니, 눈은 10년 전에 수술해서

잘 보이고, 귀도 잘 들린다고 하셨다.

"누가 자주 와요? 필요한 거 있으세요?"

"내가 주지도 못하는데 뭘 바라겠어? 받는 게 다 빚이야. 받은 거 갚고 가야 해."

어르신이 한마디로 정리해 주신다. 정신력이 참 건강하시다.

§ **4월 16일(화, 비 온 후 맑음)**

어르신이 베갯잇을 새 수건으로 바꾸고 계셨다.

"이거 빨아."

"네. 삶을게요."

"바늘이 어디 있지?"

"저는 모르겠어요. 제가 바느질 한 적이 없어요."

나는 집의 베개 속을 편백나무 큐브 칩으로 했다. 그런데 몇 해 전 친정엄마가 메밀 껍질로 된 베개를 만들어 주셨다. 그때부터 지금까지 그걸 사용하고 있다.

TV에서 나이 지긋한 할머니가 봄 음식에 대해 말한다.

"보릿고개에는 없는 친정보다 산길을 걷는 게 낫다는 말이 있어요. 산에 가서 찔레 순, 소나무에서 송홧가루를 가져와 떡을 해 먹었어요. 봄이면 생각나는 그리운 맛이죠."

없이 살았던 친정이라, 내게 이 말이 걸린다. 없는 친정

덕분에 결혼생활을 잘 유지할 수 있었다. 나라고 남편하고 항상 좋았을까? 차라리 헤어지는 게 더 낫다고 생각한 적이 한두 번이 아니었다. 돌아갈 친정이 없으니, 참고, 또 참고 살았다. 무시받고 자존심 상해도 그냥 묵묵히 견뎠다. 그때는 감정을 치료할 다른 방법을 알지 못했다.

어려서 초등학교 다닐 때는 아버지가 공무원이라 괜찮게 살았다. 중학교 때부터 혼자 자취하며 외로웠고, 고등학교 때 집이 완전히 망했다. 또 대학을 두 번 가는 위기가 있었다. 처음 대학에 가서는 자살소동으로 오래 입원하는 바람에 휴학이 자퇴로 처리되었다. 3년 후 다시 대학에 들어갔다. 어려운 가운데서도 학교를 마쳐야 한다는 강박이 있었다. 아마 아버지가 대학을 나왔기 때문인지 그 강박이 심했다.

시부모님이 친정에 오셨을 때는 방 한 칸에 세 들어 살았다. 저녁은 식당에서 대접해드리고, 다음 날 아침은 주인집 안방에서 드시게 했다. 주인에게 미리 양해를 구해 꼭 친정집처럼 맞이했다.

음란해서 학교 다닐 때 동거하고, 결혼하고, 그 후에 졸업했다. 없는 친정이 좋았다고 자랑할 것은 아니지만 긍정적인 면도 있었다. 돌아갈 친정이 없어 결혼을 지킬 수 있었기 때문이다. 죄인으로 태어나 죄를 지을 수밖에 없다는 말씀에 나 역시 포함된다.

§ 4월 17일(수, 맑음)

일찍 집을 나와 꽃집에 가서 사시사철 피는 꽃기린을 샀다. 다음 달 어버이날을 대비해 카네이션 대신 화분을 어르신께 드리려는 것이다. 방안 분위기를 훨씬 밝게 하고, 어르신도 좋아하실 것 같다. 작년에 산 철쭉 화분은 꽃망울이 있는데, 꽃 피울 생각을 않는다. 어르신 댁에 들어와 철쭉 화분 옆에 두니, 외롭지 않아 보이고 잘 어울린다.

"어르신, 울적할 때 꽃을 보면 기분이 풀어지지요?"

"누가 나를 이렇게 생각하나?"

"어버이날 선물 미리 드리는 거예요. 자녀들 키우시느라 고생하셨어요."

TV에 베트남 다낭이 나왔다. 작년 여름, 딸과 사위, 사돈부부, 우리부부 여섯 명이 함께 다녀와서 더 관심 있게 봤다. 그 여행을 계기로 사돈네와 가깝게 지내고 있다. 명소도 명소지만 음식도 참 맛있었다. 시장, 아름다운 계곡, 해변이 나오고 마사지 받는 곳도 나온다.

"돈 있으니 참 좋네. 머리도 감겨주고. 2만 2천 원이래. 하하하."

어르신도 흥이 나시는 것 같다. 어르신과 내 여행은 바로 이 시간에 슬쩍슬쩍 보는 거다.

§ 4월 20일(토, 비)

친정엄마 생신이다. 아침에 용산역에서 큰아이 부부를 만나 호두과자 먹으며 춘천의 한 식당으로 갔다. 어머니를 모시고, 동생 부부와 외조카, 큰아이 부부, 딸과 사위, 남편과 나 열 명이 점심 식사를 했다. 엄마는,

"집에서는 밥을 통 못 먹는데, 나와서는 잘 먹어."

지금은 외식을 해야 하나보다. 평소 엄마는 외식을 좋아하지 않았는데, 고기랑 야채가 많아 여러 종류를 드셨다. 푸짐했다. 식사 후 엄마가 동생부부와 함께 사는 친정집으로 갔다.

엄마를 지켜주신 하나님께 감사기도를 드리고, 생신축하 노래를 부르고, 엄마가 케이크의 촛불을 끄고, 케이크를 잘라 나누어 먹었다. 전주에 사는 둘째네와 영상통화로 안부를 주고받았다. 88세를 맞이할 때까지 얼마나 많은 우여곡절이 있었는지는 엄마만 아실 것이다.

엄마는 명란젓, 미역국, 두릅, 조끼, 방석을 세 집에 나누어주셨다. 올케도 아끼던 다육이를 딸네에게 선물했다. 딸과 사위는 자기네 차로 돌아가고, 동생이 남편과 나와 큰아이 부부를 남춘천역에 배웅해주었다. 모처럼 온가족이

즐거운 시간을 보내 흐뭇했다. 앞으로 한 달에 한번은 춘천에 와서 엄마 모시고 식사하겠다고 마음먹었다.

§ 4월 22일(월, 흐린 후 맑음)

주인 집 총각이 어르신의 방 누수검사를 하고, 선풍기 팬을 고정시켜 주었다. 선풍기가 커서 혼자 하는 것이 쉽지 않아 고맙다.

"이렇게 솜씨도 좋아 결혼하면 잘 사실 거예요. 언제 결혼하세요?"

"아직 더 있어야 해요."

이것저것 따지면 할 수 없는 게 결혼이다. 사람으로 태어났으니, 때가 되면 결혼하는 게 당연하다고 생각한다.

어르신께 간식 챙겨 드리고 방 걸레를 찾았는 데 없다. 안방과 건넌방을 몇 번이나 오가며 찾았다.

"어르신, 걸레가 없어요. 어디다 두셨나요?"

"저 방에 있지."

"없어요. 같이 가서 찾아봐요."

"그럼 다른 걸로 만들어."

안방 장롱을 찾으니 거기에 있었다.

"왜 여기에 두셨어요?"

"말라서 그랬지. 청소하기 싫으면 하지 마."

갑자기 소리를 치신다, 따지는 게 아닌데. 어르신이 깜빡깜빡하신다는 것을 생각하지 못했다. 이럴 때 내 마음도 혼란스럽다. 어르신이 아프셔서 품고 가야 하는데, 나도 안 되는 부분이 있다.

어르신이 간식을 드시며 바나나 반을 잘라 나를 주신다.

"나중에 드세요."

"아니야."

재차 내 손에 쥐어 주신다. 한번도 이런 적이 없어 민망하고, 고마웠다.

§ 4월 23일(화, 흐림)

어르신께서 간식 드시며 TV의 일기예보를 보신다.

"어렸을 땐 하늘이 산하고 붙어 있는 줄 알았어. 손가락으로 팍 쑤셔도 되는 줄 알았어. 하늘에서 하는 일을 저렇게 아는 것을 보면 박사가 많은가 봐."

"네. 지금은 많이 발달해서 그래요."

어떤 심리학자가 조선 숙종에 대해 말한다. 인현왕후와 장희빈 사이에서 갈등도 있었으나 절대 군주로 엄청 일을 많이 했고, 마음이 공허했다고 한다. 보통 사람들은 살아가면서 전능함이 깨어지는데, 숙종은 원자로 태어나 왕이 되었기에 모든 사람들이 받들고, 그래서 군림하는 바람에 전능함에서 벗어나지 못했다고 한다. 어려서부터 부모나 다른 사람의 공감을 받아야 하는데, 그러지 못한 공허함을 일중독으로 달랬다고 한다.

나는 부모의 사랑과 돌봄을 충분히 받지 못했다. 살아내는 게 목표였으니, 감정표현에는 백치다. 눈치만 발달했다. 남편은 초등학교 3학년 때부터 부모와 떨어져 서울에 살며 고향 섬을 오갔다. 남편 역시 부모님과 일상생활에 한계가 있었다. 그러니 남편도 감정을 이해하고 푸는 것에 미숙하다. 그때는 감정 따위를 중시하지 않았다. 그런 나와 남편이 만나 결혼생활을 여기까지 꾸려온 것이 기적이라고 하겠다. 당연히 감정 표현에 서툴렀고, 자녀들의 마음을 알아주지 못했다. 자녀들도 스스로 알아서, 제각각 자랐다. 한편으로 자녀들이 고맙기도 하다.

문제는 여전히 남편이 혈기를 다스리지 못하는 거다. 남편은 자기가 생각하지 못한 상황이 오면, 통제나 절제하지 못하고 분노한다. 그런 남편이 지금 사는 집을 부부공용으로 등기를 냈다. 이게 내가 바라지 않는 남편의 사랑 방식이다.

남편은 사소한 것에 넘어져 화를 내며 악을 지른다. 쇼핑이 끝났는데 추가로 사이다를 사자고 하거나, 쓰던 볼펜이 제자리에 없다거나, 오른쪽으로 걷지 않거나, 버스에서 큰 소리로 말하거나, 땅콩을 둔 곳을 기억 못해 쩔쩔매거나, 예식장의 식당에서 내 앞의 빵과 옆 빈자리의 빵을 먹으면 화를 낸다.

이제는 나도 남편에게 대든다. 예전에는 주말 부부라 적당히 넘어갔는데, 참고 넘어가서는 오히려 더 큰 문제를 불러오겠다 싶어서다. 단지 기분 나쁘다고 치부할 게 아니고, 뭔가 근본 문제 원인을 따져봐야겠다. 그 불안의 뿌리가 무엇인지를 알아 고쳐야 할 것이다.

남편은 일중독이 있다. 남편의 공감 받지 못한 오래된 마음을 못 풀어준 것도 내 잘못이다. 나 역시 내 마음을 모르니까. 게다가 남편의 혈기 뒤에 숨은 불안감을 해소시켜 주는 것도 내 몫인데, 너무 안일했다.

§ 4월 24일(수, 흐린 후 맑음)

그림책 '선로원'을 읽어드렸다. 어르신은 그림책을 참 좋아하신다. 많이 웃으신다. 아들 장선환이 선로원이었던 아버지를 추억하며 책을 냈다.

톡톡 흙을 다지고, 쿵쿵 땅 위에 침목을 놓고, 나란히 나란히 레일을 얹는다. 탕, 탕, 탕, 쇠 부딪히는 소리가 산과 들과 강을 하나로 만든다. 그렇게 세상을 깨우며 기찻길이 생겨난다. 아들은 달린다. 아버지가 놓은 그 길을 따라 세상으로 나간다. 아버지, 그리고 누군가를 위해 길이 되어 준 모든 이들에게 고맙다고 한다.

친정아버지가 생각난다. 지금은 철이 들어 눈물이 나고, 죄송한 마음뿐이다. 나에게 길이 되어 주셨는데... 천국에 가면 뵐 수 있을까.

남편은 돌아가신 아버지에 대해 절대적이다. 물려받은 게 많다. 사랑, 돌봄, 추억, 측량할 수 없다. 그래서 남편은 아버지의 전기를 준비하고 있다. 우리 아이들은 아버지를 어떻게 기억할까?

"어르신의 아버님은 양반이셨죠?"

"그럼, 말할 수 없었어. 뒷산이 다 우리 것이었어. 엄마는 부잣집 외동딸이었는데, 일찍 돌아가셨고, 아버지는 80에 가셨어. 우리 막둥이도 키워 주셨어. 아버지가 나를 좋아하셨어. 내가 큰딸이고, 뭐든 잘하셨어."

어르신도 아버님을 깊이 추억하신다.

§ 4월 25일(목, 맑음)

어르신 댁에 도착하자마자 어르신이 벼르고 벼른 사람처럼 말씀하신다.

"저쪽 계단을 닦아야겠어. 문 열어보고 깜짝 놀랐어. 더럽잖아. 그쪽 목욕탕에 수도 있으니 수돗물 틀어. 어떻게 이렇게 더럽게 하고 살아? 집에서도 그래?"

"죄송해요. 저는 집 안만 닦아요. 아파트에서 집 밖은 다른 사람이 해요. 수도가 없으니 들통에 물 받아서 할게요."

"계단도 집 안이야!"

날씨가 화창하니 산책을 하고 싶으신 걸까? 집 안에만 계시니 얼마나 갑갑하실까? 어제 비가 왔고, 계단이 작으니 물 두 통을 받아서 빗자루로 쓸었다. 현관으로 올라가는 아홉 계단, 작은 방 쪽에 아홉 계단이 있는데 오랫동안 쓸지 않아 먼지가 많다.

어르신이 부엌 싱크대 앞에서 식사를 하는 경우는 거의 없는데, 안방이 답답하신지 나와서 식사를 하신다.

§ 4월 26일(금, 맑음)

꽁치통조림과 감자를 넣고 김치찌개를 끓이는데, 요양보호센터에서 사회복지사 선생님이 오셨다. 어르신의 건강상태를 살피고, 방안을 둘러보시더니 앞으로 튀어나온 서랍을 바로 닫아주었다. 역시 눈썰미가 대단하시다. 나는 원래 그렇거니 하고 무심했다. 낙상 예방과 노인 인권보호 지침을 프린트해 와 내게 설명해 주셨다.

TV에서 셋방살이 설움을 푸념한다. 30년 전에는 아이들 떠든다고, 공용 화장실을 오래 쓴다고, 얼마나 주인집 눈치를 보며 살았는지 모른다고 한다.

나도 주택 2층에 세 들어 살 때 아이들이 버릇없다는 말을 들었다. 그때 들었던 생각이다.

'주인집도 자녀들이 있는데, 아이들이 크면 어려서 겪은 일들은 다 잊어버리나?'

주민센터에서 전화가 와 재빨리 어르신께 드렸다.

"잘못하면 말하래."

어르신이 내 얼굴을 보며 말씀하신다.

"네. 그러셔요. 좀 질린다 싶으면 다른 사람을 부르세요."

나는 내 부족함을 솔직하게 말씀드렸다.

§ 4월 27일(토, 맑음)

오후 3시쯤 지하철을 타고 오리역 근처, 막내 이모가 있는 재활병원을 찾았다.

내가 20대에 이모네와 함께 산 적이 있다. 이모네는 세탁소를 운영하고, 엄마는 근처에서 과일 가게를 했다. 당시 사촌동생들은 초등학생으로 어렸다. 내가 결혼하고, 광주와 전주에 살았고, 서울로 이사 왔을 때 이모는 성남에 사셨다. 몇 번 뵌 적은 있지만, 그리 친밀하지는 않았다. 그래도 옛날의 좋았던 감정이 남아있다. 이모와 그 시절을 같이 보냈으니 더욱 애틋하다. 이모는 상태가 안 좋아 입원실에서 로비로 내려오지 못했다. 병실은 면회 사절이다.

사촌 동생이 로비에 내려와 24시간 병간호를 하고 있다고 한다. 그런 동생을 보니 눈물이 났다. 나도 모르게 붙잡고 울었다.

"너가 참 고생이 많구나. 나는 5년 전부터 아침에는 청소하고, 코로나 때 하던 요양보호사 일을 작년부터 다시 하고 있어. 내 용돈벌이는 한다. 예전에 너네도 힘들었고, 우리도 참 힘들었지. 그 시절에 잘 사는 사람도 물론 있었지만, 우리는 지독히 어려웠어. 그래도 난 주님을 만나 고난이 고생으로 끝나지 않고, 고난이 구원으로 천국을 누리는 인생이 되었어. 너도 구원을 누리는 인생이 되었으면 좋겠어."

"언니, 좋아 보이네."

이렇게 말하며 교회에서 내는 묵상집을 건네주었다.

§ 4월 30일(화, 맑음)

주인집 총각이 와서 전등을 살펴보았다.

"아무래도 기술자를 불러야겠는데, 출장비는 반씩 부담하거든요. 주인이 반, 사용자가 절반 부담해요."

어르신이 안 하겠다고 하신다. 세탁기는 전원이 빠져 작동이 안 되었다며 전기가 들어오게 해 주었다.

"원래 주인이 해 주는 거야. 내가 이사 갈 때 가져가? 나 혼자 쓰니 부엌 불 켜고 하면 돼."

"예전에는 주인이 다 고쳐주었죠. 요즘은 반반씩 부담하나 봐요."

그림책 '내가 안아줄게'를 읽어 드렸다. 이제는 그림책을 보시자고 하면, 어르신은 얼른 TV를 끄고 집중하신다.

세상엔 아주 많은 문제들이 있어.
위험한 일도, 불행한 날도 많지.
수많은 문제들을 해결하기 위해 노력하고 있어
어떤 어려움도 이겨낼 수 있게 도와주는 비밀은
서로를 꼭 껴안는 '포옹'이야.
포옹은 따뜻하고 안심시켜 주고 진실되게 하며
엄청난 힘이 있어 그 모든 것 이상이야
비용도 전혀 들지 않아.

내가 돈을 좋아해 그런지 마지막 문장에서 나는 빵 터졌다. 어르신은 계속 고개를 끄덕이신다. 서로 감동이다. 비용도 들지 않는데, 왜 그리 포옹에 인색했을까? 내가 받아보지 못해서일까? 특히 자녀들이 시험에 떨어졌을 때 안아주며 위로하지 못한 것이 아쉽다. 고이 간직해서 두고두고 보고 싶은 책이다. 많은 사람들에게 소개하고 싶다.

§ 5월 1일(수, 맑음)

애선, 충미, 남희, 주현이 우리 집에 왔다. 남희는 처음이다.

"남희야, 수술 잘 받았다고 축하잔치하는 거지."

"언니, 해석 잘하네."

남희는 우리 동창 가운데 유일하게 이혼의 아픔이 있고, 연초에 폐 수술을 받았다. 참으로 가슴 아프다. 두 딸은 다 컸다. 남희는 뜨개질 선수다. 뜨개질로 티슈 곽을 만들어 내게 선물해주었다. 고급스러웠다.

남편이 없으니 저녁까지 먹고 가라고 잡았다. 친구들이 모이면 이야기가 끝이 없다. 대학 동기들이라 더 허물이 없다. 40년 세월이 지났지만, 모두가 그때 그 시절을 각자의 방식으로 경험했으니까. 만나면 지난날을 돌아보며 추억할 게 많다.

§ 5월 2일(목, 맑음)

어르신께 식사를 차려드리고,

"제가 먹을 김밥 사올게요."

곧 말쑥이김밥을 사왔다. 절반 남은 라면을 끓였다.

"김밥 참 잘 말았어. 맛있다. 물 마시고, 천천히 먹어."

어르신이 한 개를 우물우물하신다.

"더 드세요."

"이제는 많이 못 먹어. 목에서 잘 안 넘어가."

어르신은 내가 먹는 것에 친절하시고, 관대하시다. 식당을 하셔서 그런지 먹는 것에는 만사 오케이시다. 표정이 그렇고, 말씀하시는 것도 그렇다. 먹고 살기 위해 사는 것도 맞고, 살기 위해 먹는 것도 맞다. 소박한 밥상이지만 먹는 것은 큰 힘이 된다.

"내일 바늘하고 실 좀 가져와. 해진 데 천으로 꿰매야겠어. 바늘을 아무리 찾아도 없어."

"네."

흉기로 변할까봐 일부러 바늘을 치웠는지 모른다. 요양보호센터에 전화하니 드려도 된다고 한다.

한 가수가 '아모르파티'를 노래한다.

산다는 게 다 그런 거지
누구나 빈손으로 와 소설 같은 한 편의 얘기들을
세상에 뿌리며 살지
자신에게 실망하지 마
모든 걸 잘 할 순 없어
오늘보다 더 나은 내일이면 돼~~
연애는 필수, 결혼은 선택~~

앞부분은 좋았는데, 결혼은 필수라고 바꾸면 더 좋겠다.

§ 5월 3일(금, 맑음)

어르신께서 식사하시면서 TV를 보시는데, 가뭄으로 굶주린 아프리카 아이를 후원하라는 영상이 나온다.

"어떡하면 좋아. 살기 좋은 곳으로 이사 가지, 왜 그런 데서 살아?"

"이사 갈 형편이 못되니 그렇겠죠?"

화면이 바뀌어 사이클 선수들이 나온다.

"저기서 1등 하면 어떻게 되는 거야?"

"상금도 많이 받고, 나중에 지도자가 된대요."

"그래. 받는 게 있으니 그 열심이지."

여러 명이 나와서 달라진 세상, 달라진 소통법에 관해 말한다. 그중에 도시락이 있었다고 한다.

"어르신도 도시락 많이 싸셨죠?"

"그럼. 애들이 다섯이니, 많이 쌌지. 한 애가 두 개씩도 가져갔어."

전기밥통도 없었고, 지금처럼 냉장고가 발달하지 않았던 시절을 생각하면 존경받아야 할 부모님들이다.

식사하시고 바늘에 실을 꿰어드렸다. 늘 앉고 눕는 요 중간이 닳아 해졌다. 마침 흰색 광목천이 있어 그 위에 잇

대어 꿰매셨다.

"어휴, 힘들어."

두 번이나 힘들다고 하신다. 절반 이상을 내가 마무리했다. 마치니, 어르신은 흐뭇해하신다.

§ 5월 4일(토, 맑음)

지하철 타는 곳에서 어르신 댁 2층 주인집 총각을 만났다. 기타 레슨 받으러 간다고 한다.

"저번에 선보여 준다는 아가씨는 잘 있어요?"

"네. 잘 있죠. 서로 생각하는 게 맞으면 좋은데, 곧 만나봐야죠."

노량진역에서 내려 버스를 탔다. 교회 주일학교 소년부 목사님, 부장님, 담임인 나 포함해 세 명이 내 반 아이를 심방했다. 아이 엄마는 탁자에 과일과 과자와 몇 가지 음식을 차려놓았다. 어른 다섯 명이 이야기를 했다. 아이 아빠가 솔직한 내면의 이야기를 해 주어 고마웠다. 그 속에는 자신의 외로움, 슬픔, 분노가 녹아있었다. 엄마는 엄마대로 원가족에서 받은 상처와 갑상선암을 겪은 이야기, 지금 상태를 말했다. 아빠는 논리적이며 확실한 성격이고, 엄마는 엄마대로 열심이나, 자신의 기준이 있어서 가족이 버겁다고 한다. 목사님은 문제가 드러난 것이 오히려 회복하기 좋은 때라고 했다. 세계보건기구에서도 부부싸움은 아이에게 폭력이라고 규정한다며, 아이가 겪는 불안은 매우 크다고 했다.

나중에는 아이와 같이 여섯 명이 대화했는데, 아이는 아빠가 같이 놀아주니 참 좋은 아빠라고 했다. 아빠를 닮아 손재주가 좋아 종이접기를 잘한다. 그래서 목사님이 내일 소년부 예배 때 입상작에 붙일 종이접기를 주문하셨다. 밋밋한 거보다 장식을 붙여 금상, 은상, 동상을 제정해 아이들의 사기를 높이려는 것이다. 이 가정의 회복을 위한 은혜를 구하는 목사님의 기도로 심방을 마쳤다. 심방을 하니 아이를 더욱 이해하게 되고, 아이의 가정도 자세히 알 수 있어 다행이다.

§ 5월 6일(월, 비)

바깥은 비가 추적추적 내리고, 어르신은 나들이 와서 게임하는 사람들을 TV로 보신다. 팀을 나누어 발야구와 이어달리기를 한다. 흥미진진하다. 화면 풍경은 푸르고, 근처에 철쭉꽃이 활짝 피어 밝고 따뜻하다. 행운권 추첨으로 마무리한다.

"참 재미있네요."

"응."

간식을 드시며 무인도에 호텔 짓는 것을 보신다. 어르신도 이렇게 TV로 여행하시는 게 좋으신가보다. 맘에 안 들면 얼른 채널을 돌리시는데, 계속 보신다. 남해의 한 무인도다. 예전에는 사람이 많이 살았지만 지금은 사람이 없다. 폐가지만 건물의 뼈대는 살아있으니 리모델링하여 벽돌을 쌓고, 지붕을 만든다.

남자 해녀를 마구미라 부른다고 한다. 마구미가 바닷속에서 미역, 전복, 해삼을 딴다.

"어르신, 예전에 치아 좋을 때 전복 많이 드셨죠?"

"그럼."

고개를 끄덕이신다.

"아무것도 없는데 손님을 불렀었지. 뭐 반찬이 있어야지."

어르신께서 식당하실 때 생각이 나서 그런지 걱정하신다.

"그래도 있는 걸로 장만하나봐요. 손님들 오시니 활기가 나요."

육지에서 주문해 새로 설치한 물탱크에 물을 저장한다. 우선은 공동수도로 만족한다. 전기가 없지만 근처의 경치만큼은 환상적이다. 모두가 좋아한다.

내가 남편과 신혼살림을 차린 곳은 주택의 방 한 칸과 부엌 하나였는데, 부엌에 수도가 없어 밖의 공동수도에서 물을 떠와서 생활했다. 돌이켜보면 그땐 그게 불편한지도 모르고 살았다.

§ 5월 8일(수, 맑음)

날씨가 맑으니 어르신 기분도 한결 밝다. 어제는 우울해 하셔서 살짝 걱정이 되었다. 식사하시면서 TV를 보신다. 이태리 피렌체가 나온다.

"동네도 크다. 하늘 끄트머리 동네라니, 끄트머리 나라다. 구름도 이쁘다. 그런데 산하고 하늘하고 닿는 동네에 사는 건 무섭겠어."

"네. 엄청 큰 도시네요."

화면이 바뀌어 가난을 겪는 아이들이 나온다.

"어휴 어떡해, 한창 나이에. 애들은 배고프고, 먹을 것은 없고, 얼마나 속 터지겠어. 기가 막히네."

어르신이 식당을 하셔서 훨씬 더 진하게 공감하신다. 어버이날이라고 여러 명이 나와 토크쇼를 한다. 붕어빵에 붕어가 없듯, 가정의 달에 가정이 없다고 한다. 이 시대가 진심으로 부모를 기억하지 않고, 감사드리지도 않는 원인이 효가 실종되어서라고 한다.

동감이다. 효도가 없어지고, 질서도 없어졌다. 물론 나부터 돌아본다. 살아계신 어머니께 얼마나 효도할까? 또 자녀들에게 그 귀하고, 좋은 가치를 물려주지 못했으니 할 말이 없다. 생명을 전달해준 내 부모님과 어르신을 포함해 다른 사람의 부모님께도 감사드린다.

§ 5월 10일(금, 맑음)

어르신이 식사하시면서 어린이 창작 동요를 보신다. 요즘 시대에 귀한 프로다.

"아이들이 넘 예뻐요."

"응, 이쁘네."

노래 제목도 새롭다. '하늘 믹스기', '씨앗 라떼', '엉뚱 상상 상자'가 흘러나온다. 1924년에 처음 동요 '반달', '고드름', '설날'이 만들어졌고, 올해 100년이 되었단다.

노래가 없는 세상은 상상이 안 된다. 그만큼 우리에게 희망과 용기를 주고, 위로해 준다. 전문적인 것은 몰라도 다양한 노래는 좋다. 그러나 아이들도 때가 있는데, 이 시기에 맞게 동요를 부르는 게 더 좋아보인다.

내일이 돌아가신 시어머니 기일이라 밤늦게 전주에서 둘째네가 왔다. 손녀 혜랑이는 다음 달이면 두 돌이다. 제법 말이 또렷하고, 음성도 크다. 아들과 며느리가 오니 나도, 남편도 흥이 난다. 큰아들네가 홍어를 주문했고, 반찬이랑 국을 준비해두었다. 내가 일을 못해서, 한꺼번에 못하니 매일 한 가지씩 해 놓았다. 넷째 시숙님, 작은아주버님, 큰

아들 부부, 딸 부부가 내일 낮에 온다. 내일 점심에 예배드리고, 함께 식사하기로 했다. 기일의 의미는 부모님을 기억하며 감사드리는 것이다. 아이들은 어려서 시골 할아버지댁을 자주 다녀 할아버지에 대한 추억이 있다.

§ 5월 11일(토, 흐림)

남편과 큰아들이 과일 사러 시장에 갔다. 그사이 나와 큰 며느리가 차례상을 준비한다. 낮 12시가 되어 모두 모였다. 남편이 교회의 묵상집에 나오는 오늘치 성경 구절 '어찌 너를 버리겠느냐'를 눈물 젖은 소리로 읽었다. 남편이 우니, 나도 울컥했다. 호세아 선지자는 하나님이 이스라엘에게 많은 은혜를 주셨지만, 백성들은 그 은혜를 저버리고 우상을 숭배한다. 그러나 하나님은 이스라엘 백성을 회복시키고, 긍휼을 베풀 것이라 약속한다고 선포하신다. 호세아 선지자는 음란한 여인과 결혼하고, 음란한 이스라엘 백성을 지키시는 하나님의 마음을 이해한다.

남편은 음란하여 혼전 동거와 낙태죄를 회개하고 작년 여름, 딸의 시부모님과 유통기한이 37년이나 지나서 신혼여행을 다녀왔다고 감사드렸다. 우리 부부가 악했음에도 멸망하도록 내버려두지 않고, 언약백성을 삼아주신 하나님께 감사드렸다. 돌아가면서 각자 지금의 환경과 원하는 바를 나누었다.

저녁에 둘째 부부와 차를 마시며 이런저런 이야기를 했다. 아들은 옛날에 엄마가 친구 사귀는 것에 몹시 예민했고, 함부로 같이 놀지 말라고 했다며 불편한 마음을 말한다. 그리고 신발 끈 묶는 것을 세 번이나 가르쳐 주었는데, 본인이 못해서 혼났던 거, 포도 씨를 안 먹어 혼났던 일, 그래서 몇 년간 포도를 안 먹었다고 한다. 내가 참 헛된 열심이었고, 본질이 아닌 것에 집착했음을 인정했다. 아들이 무엇을 잘하고, 못하고를 객관적으로 알아야 했는데, 무엇을 좋아하는지를 살펴야 했는데, 그렇지 못했다. '사랑은 필히'라는 시가 있다.

사랑은 필히 무언가를 남긴다.
어떤 사랑은 생선 살 바르는 법을
어떤 사랑은 신발 끈 묶는 법을
어떤 사랑은 눈을 맞추는 법을

아들이 원하는 방식, 아들이 인정하고 좋아하는 방식으로 사랑했어야 했는데, 내 방법대로 밀어붙였다. 그 후유증, 앙금이 지금까지 남아있는 것을 이제라도 풀어 다행이다.

§ 5월 13일(월, 맑음)

둘째네가 오후에 간다. 점심 차려 주고, 작별인사를 하느라 조금 늦었다. 어르신 댁까지 뛰어갔다. 어르신은 식사를 마치고, 늘 하시던 대로 전화기를 찾으셨다. 전하기가 유일한 소통창구이다. 전화 온 게 있는지 확인하신다. 전화기 충전기가 없다. 아무리 찾아도 없다.

"충전기 어디다 두셨어요?"

"몰라."

조금 있으면 나올 것이다.

마트에 가서 장을 봐왔다. 고구마를 쪄 다른 몇 가지 것과 함께 간식을 드렸다. 내가 집에서 가져온 포장된 쌀과자가 부서져 있는 것을 보시더니,

"이거 먹던 거야?"

"아니요. 뛰어오느라 부서졌나봐요. 내일부터는 안 가져올게요. 괜히 오해하실라."

"아니야. 있어서 가져오면 나야 고맙지."

생각지도 못한 말을 들으니 당황스러웠다. 화투를 했는데, 별 흥이 나지 않았다.

§ 5월 14일(화, 맑음)

충전기를 찾았다. 서랍 안 깊숙이 넣어 두셨다. 어르신

은 이제 전화가 와도 잘 받지 못하신다. TV에서 옛날 가구나 그림 같은 것을 감정해 정확히 언제 것인지 알려준다. 질화로와 키가 나왔다.

"예전에 아이들 오줌 싸면 키를 머리에 쓰고 소금 얻어 왔지."

"그런 이야기 들었어요. 저분이 키를 참 깨끗이 사용하셨네요."

할아버지, 할머니가 쓰던 질화로가 있었다.

"질화로에 고구마랑, 군밤이랑 구워 드셨죠?"

"그럼. 나는 부족함 없이 살았어. 돈이 없어서 고생한 적은 한 번도 없었어."

"종교 활동하실 때도 헌금 많이 하셨죠?"

"말해 뭘 해. 굉장했어."

"지금 어르신이 아픈데 그곳에서 왜 찾아오지 않나요?"

"아, 바쁘니 그렇지."

"사람한테 바빠야지요. 어르신도 소중하고, 귀하시잖아요. 찾아오면 반가울 텐데…"

"그건 욕심이지."

어르신은 철학자다. 어르신은 인생을 충실히 사신 것 같다. 그래서 별 아쉬움이 없다. 다만, 말년에 찾아오는 사람 없고, 말벗이 없으니 쓸쓸하고, 좋아보이지 않다.

§ 5월 16일(목, 맑음)

어르신이 침대 패드를 바꾸셨다.

"지금 입고 계신 겉옷도 같이 빨아야 해요. 냄새나요."

"저녁에 목욕하고 벗어 놓을게."

김이 피어나는 따뜻한 밥에 미역국, 순두부 김치찌개, 달걀프라이로 점심을 드셨다. TV 뉴스에 전쟁하는 장면이 나온다.

"저것 봐. 땅을 서로 차지하려고 하잖아."

"그러네요. 나쁜 사람들이네요."

화면이 바뀌어 공동체 회복 프로젝트에서 오래된 경로당을 새집으로 고쳐준다. 세월의 무게만큼 많은 것이 낡아 기울어졌다며, 담벼락을 헐고, 배수구를 새로 만들고, 화장실 변기도 교체한다. 새 집이 되었다. 방 안을 옛날 사진으로 꾸민다고 여기저기에 추억의 사진을 얹는다.

직접으로나 간접으로 전쟁을 겪는 사람들은 얼마나 가슴이 아플까? 반대로 공동체 회복의 과정을 겪는 사람들은 얼마나 마음 설레고 좋을까?

나는 어느 쪽일까? 온전한 가족 공동체를 회복하는 게 바람이고, 기도다. 지난번에 둘째가 마음속에 있던 것을 말해주어 고마웠다. 원하지 않았어도, 이상하게 꼬인 것들은 하나씩 풀어야 한다. 자녀들이 자신만의 꽃을 피울 수 있게, 그저 흔들리지 않는 버팀목이 되어야 한다. 아직도 내 안에 있는 열등감, 피해의식, 인정욕망과 전쟁 중이다.

전화기 케이스를 택배로 받았다. 둘째가 보낸 거다. 참 고맙다. 나는 케이스가 너덜거린다고 미처 생각하지 못했다. 둘째의 지적을 받고 케이스를 바꾸겠다고 생각했는데, 벌써 도착했다. 세심한 아이인데, 마음을 상하게 해서 미안하다.

§ 5월 20일(월, 맑음)

아침 청소일을 마치고, 피부과에 들렀다. 딸 결혼식 때 피부 관리 10회를 끊었는데, 아직 두 번 남았다. 결혼식 끝나고 서너 달에 한번 받으니 오래 간다. 피부과에서 중년 남자를 처음 보았다. 막상 보니, 자기 관리에 철저한 사람이었다. 사실 남편도 얼굴에 점이 많다. 다른 사람들한테 깨끗한 인상을 주어야 한다며 피부과에 가자고 권유해도 안 듣는다. 곧 우리도 어르신의 얼굴처럼 주름이 잡히겠지만 아직은 관리하고 싶다.

평소보다 조금 늦게 어르신 댁에 도착했다. 식사하시고 TV를 보신다. 어떤 여행지는 설렌다. 페루의 마추픽추 가는 길이 나온다. 많은 사람들이 가고 싶어 한다.

"산이 참 이쁘다. 이뻐. 저런 산에 물이 있네. 물 내려가는 것 봐, 높은데 어떻게 집을 지었을까?"

어르신이 연실 감탄하신다.

"참 신기하네요. 그래서 불가사의인가봐요."

브라질의 수직 동굴이 나왔다.

"참 지구는 희한하게 생겼어."

"TV로 보는 것도 놀라운데, 직접 보면 신비 그 자체일 거 같아요."

체험해서 나오는 탄성, 감격도 값진 것이겠다. 어르신은 외국에 간 적이 없다고 하신다. 우리는 지금 형편에 맞게 간접적으로 소박한 세계여행을 한다.

§ 5월 24일(금, 맑음)

요즘 어르신께서 기운이 없으시다. 말씀도 없고, 목욕하고 갈아입는다며 내놓은 옷이 며칠째 그대로였는데, 오늘 드디어 목욕을 하셨다. 기운이 있다가도 없고, 기분은 좋았다 나빴다 반복하신다.

은행에 가서 돈을 찾아 넉넉하게 장을 봤다. 간식이 푸짐하니 덩달아 나도 기분이 좋다. 간식 드시며 TV를 보시는데, 97세 된 아버지가 70세, 59세 된 딸들과 함께 나왔다. 아버지가 어려서 일제에 강제 징집된 적이 있다고 한다. 저런 모습을 볼 때마다 학도병이었던 친정아버지께 불효

했던 모습이 떠올라 괴롭다.

58세 된 박사님이 나왔는데, 두 팔과 오른 발이 없다. 장애를 넘어 기적을 이룬 분이다.

"엄청나네."

어르신도 무척 감동 받으셨다. 정말 할 말이 없다. 그 앞에서 무슨 불평을 하겠는가?

다른 사람들에게는 자연스럽고 수월한 일들이 얼마나 부자연스러웠을까. 아침에 일어나 이불 개고, 세수하고, 아침밥 먹고, 버스 타고 학교에 가고, 집에 오는 일, 씻고 잠자리에 드는 일이 자연스러울 때까지 얼마나 수고를 많이 했을까? 당황스럽고 기가 막힌 일의 연속이었겠다. 때로는 낯선 세상을 경험했겠다. 존재 자체로 접했던 모든 사람에게 긍정의 에너지를 주신 분이다.

§ 5월 27일(월, 맑음)

어르신께서 식사도 잘 하시고, TV 보시며 많이 웃으신다. 오늘 같이 많이 웃으시면 좋겠다. 요즘 말로 리액션이 좋으시다. 고양이가 나오는데 사뭇 진지하다.

"저렇게 나가는 것은 친구 사귀려고 그러는 거야. 저 고양이는 왜 늦게 오는 거야?"

"원래 행동이 느린가봐요."

"고양이가 심통이 심해. 그래서 고양이 띠는 없어."

"맞아요. 12간지에 안 들어가죠."

인천의 함박마을, 러시아 타운이 나왔다. 자녀들은 한국어를 잘해서 한국인으로 자부심을 갖고 자리 잡길 바란다고, 한 고려인이 말한다. 처음 일곱 명이 SNS로 정보를 공유하고 서로 돕고 살았는데, 지금은 900명이 넘었다고 한다. 참 보기 좋다. 우리의 굴곡진 역사를 고스란히 경험했던 이들이기에 매 순간 진심으로 사는 것 같다.

§ 5월 28일(화, 맑음)

어르신의 식사는 매일 거의 똑같다. 치아가 없어 야채를 잘게 썰거나 믹서에 갈아서 찌개에 넣는다. 미역국, 순두부 김치찌개, 달걀프라이에 식사하신다.

초여름 같이 더운 날씨라 반팔과 반바지 차림으로 왔는데, TV에 느닷없이 눈 내린 하얀 세상이 나왔다. 일본의 어느 마을이란다. 폭설에 세상의 고요가 덩달아 우리에게 전해진 느낌이다.

"한겨울이네요. 눈이 많이 왔네요."

"응. 춥겠다."

"눈이 올 때는 오히려 포근하지요."

여름으로 가고 있는데, 한겨울의 풍경을 보니 시원한 느낌이 들었다. 그리고 영상이 참 아름답다.

주민센터에서 어르신 몫으로 마스크 30장이 나왔다.

"애들이 다섯이니, 나눠 줘야지."

"그러세요. 샴푸랑 치약도 많이 있어요."

언제 올지 모르는 자녀들 몫을 챙기는 것이 어머니인가 보다.

§ 5월 29일(수, 맑음)

날마다 드시는 밥이지만 오늘은 한층 맛있게 드신다. 더 식욕이 당기시는 걸까?

"아! 걸다. 잘 먹었다."

어르신이 흡족해하신다. 어버이날에 요양보호센터에서 준 갈비탕을 냉동고에 두었다가 데워 드렸다. 입맛에 맞아 하시니 다행이다.

TV에 네 명이 나와서 통장관리에 대해 토론을 한다. 집집마다 사연이 다르니, 서로 다를 수밖에 없다. 라이프 스토리는 머니(돈) 스토리라는 말이 떠올랐다.

"어르신은 직접 통장 관리하셨겠네요."

"그렇지. 나 열심히 살았어. 새벽 2시에 택시 타고 가서 물건 사 왔지. 남부럽지 않게 살았지. 잘 살았어. 내가 늙어서 이리 될 줄은 꿈에도 몰랐어."

꿈에도 몰랐다는 말이 머리에서 맴돌았다. 5년 전, 우리 가족은 지금 살고 있는 곳으로 이사 왔다. 여기서 세 자녀 모두 결혼해 각자의 인생을 산다. 이곳으로 오기 전에는 남편 월급을 내가 관리하며 살림했는데, 남편 이름으로 대출을 받으니 복잡한 게 많았다. 그때부터 통장관리를 남편이 한다. 전업 주부였던 내가 남편에게 너무 많은 짐을 준 것이 미안해, 용돈벌이를 위해 시작한 것이 청소 알바다.

아르바이트의 유익한 점은 많다. 규칙적인 생활이 건강을 지켜준다. 나는 일하기 전보다 훨씬 건강해졌다. 아침에 일어나면 입안을 헹구고 따듯한 물을 마신다. 기도하고 스트레칭으로 몸을 풀어준다. 20분 정도 버스를 탄다. 이 시간에 부는 바람은 계절마다 매일 다르지만, 상쾌하다. 궁을 지나며 차창으로 보는 거리 풍경이 고풍스럽다. 나 같은 무수리들이 궁궐 짓는 데 참여했겠다. 부지런히 일하는 사람들 모습은 머리를 맑게 해준다. 적당한 이동이 스트레스나 무료함 대신 오히려 생기를 더한다.

버스에서 내리면 큰 횡단보도가 있다. 차가 쌩쌩 달리고, 보는 눈이 많으니 당연히 교통질서를 잘 지킨다. 그런데 조금 더 가면 인적이 드문 작은 횡단보도가 나온다. 시간이 있으면 신호를 지키고, 없으면 안 지킨다. 다른 사람한테 피해 주지 않는다며 애써 합리화한다. 내게도 유익한 규칙과 질서를 내 편의대로 무시하는 좀스런 본성이 있다. 남을 탓할 수 없겠다.

내가 청소하는 은행은 신문을 두 개나 보고, 잡지가 많아 읽을거리가 풍성해서 좋다. 청소를 끝내야 사람들이 하루를 시작한다는 것 역시 기분 좋은 일이다. 책상과 바닥을 걸레질할 때, 내 이기적인 마음과 욕심도 함께 닦아지길 바란다. 첨단기술 운운하는데, 마음 닦는 기계는 언제쯤 나올까?

돌봄을 하면서 성찰하고, 성장하는 것 같다. 예전에 몰랐던 일들을 새롭게 해석하고, 새롭게 느낀다. 작은 공간이지만 청소하고 건사하는 것이 자녀를 돌보는 것과 공통점이 있다. 매일 쓸고 닦고 깨끗하게 유지하는 게 그렇다. 그러나 자녀를 돌보는 게 정신적으로 훨씬 더 어렵다. 몸 쓰는 일을 하니, 밤에 잠이 잘 온다. 무엇보다 용돈을 마음껏 쓸 수 있다는 것이 가장 큰 유익이다.

시간이 되면 무대 주인공이 바뀐다. 내게 대사나 박수가 없지만, 매달 받는 월급이 있어 뿌듯하다. 직원들은 모두 나보다 젊고, 스마트하고, 매력 있는 분들이다. 나보다 위의 질서에 있는 분들이다. 교제는 없어도, 가끔 차를 사주시고 간식도 주시니 고맙다.

§ 5월 30일(목, 흐림)

아침 청소를 끝내고 팀장님께 일찍 간다고 보고하고, 허락을 받았다. 병원에서 골다공증 주사를 맞아야 해서다. 병원에서 돌아오는 길에 아는 교회 집사님을 만났다. 자녀의 결혼을 앞둔 집사님은 여러 감정이 복잡하고, 머리로 아는 것이 가슴으로 내려오지 않는다고 했다.

누구든지 남의 말은 쉽게 하지만 막상 내 일이 되면 이것저것 갈등한다. 나는 김춘수의 시 '내가 그의 이름을 불러 주었을 때 그는 내게로 와서 꽃이 되었다'를 소개하며 결혼으로 떠나는 아들을 멋지게 보내라고 권면했다. 내 전화기에는 '베스트 며느리 1', '베스트 며느리 2', '명품 사위'가 있다고 했다. 지금은 아닐지 몰라도 곧 그렇게 될 것을 믿고, 그렇게 저장했다고 말했다.

어르신 댁에 갔더니 막내 아드님이 와있었다. 화장실 전구는 고쳤고, 안방 전등은 떼어보니 네 개가 붙어 있어 손 볼 것이 없다고 했다. 다음에 오겠다며 돌아갔다.

TV에 '동물의 왕국'이 나왔다. 끝없는 초원과 동물들의 이동이 나오고, 사자의 공격이 나왔다. 사자에게 잡히는 것이 순식간이다. 새가 물고기를 잡는 것도 날렵하다.

"어르신도 예전에는 민첩하고, 날렵하셨죠? 그래서 큰 식당을 운영하셨지요?"

"그렇지. 우리 아버지가 나는 똥도 버릴 것이 없다고 하셨어."

"장녀니까 더욱 야무지게 잘하셨겠네요."

§ 5월 31일(금, 맑음)

TV에 나오는 세계의 절경이 어마어마하고 경이롭다. 어차피 다 가볼 수 없는 곳인데, 이렇게라도 구경할 수 있어 다행이다.

"지구는 참 멋있고, 대단해."

"네."

이어서 돈에 관해 나온다. 쓸 돈, 모을 돈, 굴릴 돈이 있다고 한다. 또 수입과 소득은 다르다고 한다. 돈에 대해 자세히 알 수 있었다.

어떤 할아버지가 지극정성으로 아픈 할머니를 돌보는 영상이 나온다.

"저 할아버지 대단하네요."

어르신이 고개를 끄덕이신다. 부러울 것 같다. 돌아가신 시아버지도 시어머니 간병을 오래 하셨다.

아들과 미국인 며느리와 손자녀가 한국에서 과수원 하는 할아버지 할머니 댁에 휴가 왔다가 돌아가는 모습이 나왔다. 다섯 살, 세 살 아이들이 참 예쁘다.

"어휴, 누나라고 저러네."

어르신도 연실 흥미롭게 보신다. 헤어지기 싫어 모두가 운다. 감정이입이 격하셨는지 어르신은,

"에이 개똥이다. 만나면 헤어지는 게 당연한데 무슨 울고불고해."

나는 얼른 채널을 돌렸다. 노년의 병약함에서 오는 아픔, 외로움, 찾아오지 않는 자녀들에게 하는 하소연 같고, 안타까움과 슬픔의 표현 같기도 하다.

§ 6월 1일(토, 맑음)

TV에서 요르단의 신비의 도시 페트라를 소개한다.

"사람의 기술이 좋긴 좋아. 재주가 한도 없이 좋아. 우리나라 사람도 기술이 좋은데, 저 나라 사람도 참 좋네."

"네. 손재주가 정말 그러네요."

이번에는 고부간 갈등을 다룬 이야기가 나온다.

"어휴 지겨워. 저건 신랑이 잘못하는 거야. 며느리도 나뻐. 시어머니가 왔는데, 커피도 안 내오잖아. 남한테 욕먹고 살 필요 없잖아."

어르신이 내심 불편해하시니 얼른 채널을 돌렸다. 되도록이면 보아서 흥이 나고, 웃을 수 있는 프로가 좋다.

어르신 댁을 나와 근처 식당으로 갔다. 항암치료 중이면서 교회의 양육 프로그램을 마친 집사님과 양육하신 집사

님께 식사를 대접했다. 양육해주신 것에 감사드리고, 이를 충실히 마친 집사님께 박수쳐드렸다.

두 집사님과 헤어진 후, 지하철로 남편이 후배를 만나고 있는 카페에 갔다. 남편은 평소 후배 이야기를 종종 했다. 그 후배는 20년 전 기억을 떠올리며 지난 이야기를 했다. 참 세월이 빠르게 흘렀다.

§ 6월 3일(월, 맑음)

어르신이 약간 기운이 없으시다. 식사는 나중에 하겠다고 하셔서 고구마, 바나나, 초코파이, 홍삼 사탕, 비스킷을 간식으로 드렸다.

TV에 '닭 한 마리의 위로'라는 제목으로 닭에 관해 자세히 나왔다. 닭은 아주 오랜 세월 사람과 같이 살아왔으며, 사람에게 아낌없이 자신을 내어 주었다. 닭요리에는 춘천 닭갈비가 단연 일등이다. 매콤, 달콤, 칼칼한 맛에 사람들이 좋아하는 모양이다. 가난했던 시절 여러 식구가 닭 한 마리만 있어도 양배추에 푸짐하게 먹을 수 있었다.

나는 춘천에서 고등학교를 졸업했고, 친정엄마와 남동생네는 지금도 춘천에 산다. 춘천에 갈 때마다 닭갈비를 자주 먹었다. 지금도 가끔 먹는다. 닭은 알찬 보양식이기도 해서 많은 사람을 위로한다.

나를 위로하는 게 닭, 밥 그런 먹을거리도 있지만 친정 엄마의 존재, 그 존재 자체가 위로다. 물론 부모가 없는 사람도 잘 살고, 엄마 없이 아빠만 있는 사람도 잘 산다. 그러나 친정엄마가 옆에 계셔서 도움을 주고 위로해준 것은 말로 다 표현할 수 없다. 그런 엄마가 폐섬유화 초기로 식사하는 게 어렵다고 하신다. 대신 아플 수만 있으면 그리 할 수도 있겠다. 이런 한계 상황에 부딪히니 더욱 기도할 수밖에 없다. 고작 하는 게 안부전화를 드리는 거다. 어찌할 수 없는 시간을 엄마와 내가 겪는 중이다.

§ 6월 4일(화, 맑음)

날씨가 점점 더워지니 부채가 있으면 좋겠다는 생각을 하고, 태극선 부채는 어르신께 드리고, 나는 플라스틱 부채를 쓴다.

"어머, 이렇게 이쁜 부채가 있었어?"

"어르신처럼 곱네요."

"하하하..."

어르신이 좋아하시며, 자주 부채질하신다. 부채를 드신 어르신의 모습이 그냥 든든해 보인다. 더위가 절로 물러가겠다.

90이 넘으면 부채 하나에도 이렇게 힘이 되는구나 싶다.

무얼 해서가 아니다. 어떤 결과물이 필요하지 않은 나이가 되면, 나는 그 순간을 어떻게 맞이해야 되나? 나이 드는 것은 피할 수 없지만, 또 갈수록 병약해지겠지만, 무시받고 싶지 않다. 오히려 풍성해져서 늦도록 인정받으며 이웃에 도움을 주는 사람이 되고 싶다.

한낱 부채 하나가 어르신에게는 말년의 웃음을 되찾아 드린다. 내게는 아직 오지 않은 말년을 미리 깨우쳐주는 알람 역할을 한다.

§ 6월 6일(목, 맑음)

어르신께서 식사를 마치고, TV에서 현충일 추념식을 보신다. 나도 청소를 마치고 옆에 앉아봤다. 국가 유공자 네 명의 임명식이 있었다. 나라를 지켜낸 그 희생과 헌신에 감사드리기 위해 대통령을 비롯해 많은 단체가 참석했다. 3형제가 모두 6 · 25전쟁에 참여한 이야기도 있었다. 나는 학도병으로 참전한 친정아버지가 생각났다. 내가 철이 없어 아버지의 슬픔과 외로움은 모르고, 함부로 무시했으니 할 말이 없다.

특선 다큐로 '장진호 전투'를 봤다. 장진호는 개마고원 근처에 있는 호수다. 맥아더 장군의 인천상륙작전 성공으로 자신감을 얻은 미군은 겨울이 오기 전에 두만강까지 탈

환하려고 했다. 그래서 개마고원 일대에 캠프를 치고 전투를 벌였으나 전혀 생각지 못한 중국의 인해전술로 고립되었다. 2,500명이 3일간 전투에서 400명이 안 되게 살아남았다.

"나는 저런 걸 다 봤어. 우리나라는 외국인이 도와주지 않으면 살 수 없었어. 저런 일이 또 일어나면 안 돼. 저런 세상을 봤기 때문에 돈 100원도 함부로 쓸 수 없어."

"고향이 황해도시니 더욱 실감하시겠네요. 그때 다른 나라 사람이 도와주지 않았으면 나라도 없어졌겠어요. 전쟁 후에 선교사도 많이 도왔다고 해요."

인천상륙작전을 중국이 상상도 못한 것처럼, 중국의 인해전술을 맥아더 장군 역시 이해하기 어려웠다고 한다. 전쟁터에서는 상상도 못하는 일이 실제 벌어진다. 그러니까 천국 가는 그날까지 겸손하게 깨어 있어야 잡아먹히지 않는다고 목사님이 말씀하셨다.

오후에 교회 집사님이 입원한 병원에 면회갔는데, 면회 시간이 아니어서 만나지 못했다. 코로나가 없어져 상관없을 것 같다고 안이하게 대했던 것이다. 미리 알아보지 못한 내 잘못이다.

§ 6월 11일(화, 맑음)

식사 후, 어르신과 TV를 봤다. 몬순의 땅이라며 건기와 우기를 보여준다. 고대의 유산으로 1만 개 이상의 호수가 있다고 한다. 물이 있어야 건기를 잘 견딘다고 한다. 표범이 사슴사냥을 하고, 독수리와 까마귀가 오리를 잡아먹는 모습이 나왔다.

"저런 짐승들도 먹고 살라고 하는데, 사람들은 오죽하겠어. 약하면 죽는구먼. 큰 애한테 잡아먹혀. 잡아먹으려고 눈에 독을 품었어. 저건 암컷한테 아부하는 거야. 하하하 재미있어."

구애 터를 차지하고 짝짓기 하는 영양 수컷이 제법 근사해 보인다. 사람하고 닮은 점이 참 많다. 자연의 이치와 순환을 보여주는데, 자꾸 이상 기온으로 동물들도 살기 어렵단다. 요즘 시대, 요즘 사람들, 내 자녀들이 힘들겠다.

§ 6월 12일(수, 맑음)

어르신이 식사를 거부하신다. 영양 음료가 입맛에 맞는지 어제 오후부터 지금까지 일곱 개를 드셨다. TV의 여러 채널에서 가요가 나오니, 종일 가요 방송만 틀어 보신다. 노래는 어르신에게 흥을 돋우며 위로를 드린다. 요즘 어르신이 TV에 기대어 지내시는 시간이 늘고 있어 걱정이다.

식사량이 조금씩 줄어들고 있다. 하루 종일 방에만 계시니, 원하지 않지만 고립된 상태다. 결국 남는 것은 가족인데, 이따금 찾아오는 막내아들과 가끔 전화하는 캐나다 딸이 힘이 되고 있다. 나라에서도 챙겨드린다. 주민센터 돌봄 담당 선생님이 자주 전화한다.

지금의 내 삶이 앞으로 맞이할 노후 모습이라고 한다. 내 노후를 생각하게 된다.

어르신께 '어서 와 여기는 뉴욕이야'라는 그림책을 읽어드렸다.

시골에서 옥수수, 달걀, 우유만 먹던 쥐가 베이글, 카푸치노를 먹게 되었다. 처음에는 도시에 적응하기 어려웠지만, 도서관에 가는 새로운 취미도 생기고, 재미있는 곳도 가고, 어느덧 소음 소리가 편안해진 어엿한 도시 쥐가 되었다는 이야기다.

"따님이 캐나다 어디에 살아요?"

"몰라."

나 역시 시골 텃밭의 고추, 상추, 호박을 보며 자랐다. 시댁은 말할 것도 없었다. 도시에 살면서 혼인을 하고, 자녀를 낳아 기르고, 혼인시켰다. 처음 가는 길에서 조마조마했었고, 설렘도 있었고, 즐거움도 있었다. 매 순간 긴장의 끈을 놓지 않았다. 생각해보면 모든 것이 하나님 은혜 가운데 이루어졌다. 하나하나 적응해 가는 데 내 힘, 내 노력만 가지고 되는 게 아니라, 다른 사람들 도움을 많이 받아 여기까지 올 수 있었던 것은 분명한 하나님 은혜였다.

§ 6월 17일(월, 맑음)

어르신 댁에 도착하니 TV에서 가요제를 방송한다.

"노인네들 오래 살라고 노래자랑 하는 거야."

어르신도 좋게 해석하시며 즐거워하신다.

양평 밀축제가 나왔다. 축제하면 시끄럽고 상업적인데, 밀밭을 거닐고 바람을 맛볼 수 있어 좋단다. 밀밭 안에 앉아 자신의 내면에 귀 기울이는 것도 좋고, 밀짚으로 여러 가지 공예품을 만드는 체험도 한다.

"사람들 재주가 참 좋아."

"어르신께서도 손재주가 좋으셨죠. 그걸 자녀들이 다 물려받았죠?"

고개를 끄덕이신다. 친정엄마도 손재주가 좋으시다. 손으로 하는 것을 모두가 인정했는데, 내가 그 솜씨를 물려받지 못해 아쉽다.

그림책을 읽어드렸다. '난 할아버지가 될 꺼야"인데, 제목이 좀 독특하다. 보통 장군, 경찰관, 소방관, 기자, 가수 같은 직업을 이야기하는데, 주저하지 않고 케이트는,

"할아버지가 될 거예요."

라고 한다. 할아버지의 행동과 모습을 샅샅이 관찰하고 즐긴다. 큰 손으로 멋지게 아코디언을 연주하고, 늘 성냥과 레몬사탕을 넉넉히 사신다. 결코 서두르지 않으며, 언제나 느긋하게 시간을 보내시는 할아버지를 정말 좋아한다.

때가 되어 혼인을 하고 부모가 되었다. 또 때가 되어 자녀들이 결혼하여 손주를 낳아 할머니가 되었다. 부모가 될 수 없다는 것은, 자라지 않는 아이 피터 팬 같은 거다. 자동적으로 할아버지, 할머니는 될 수 없다. 한편으론 씁쓸한 생각이 든다. 그래서 대체 가능한 사람, 어버이 같은 선생님이나 멘토로 정신적 육체적 결핍을 채우는 사람들이 있고, 또 입양이나 후원을 통해 자녀를 섬기는 수고와 기쁨을 접하는가보다. 다행히 나는 2년 전에 첫 손녀를 봤고, 9월에 외손주를 볼 예정이다.

딸이 초등학교 다닐 때 '책 읽는 모임'에 참여한 적이 있다. 나중에 책 읽어 주는 할머니가 되고 싶었는데, 지금 그 일을 하고 있다. 어르신께 책을 읽어 드릴 때는 TV를 끄신다. 그림도 좋아하시고, 많이 웃으신다. 책을 집에 가져와 딸에게 영상통화로 읽어 준다. 그러면 딸도 참 좋아한다.

§ 6월 18일(화, 맑음)

어르신 댁 현관 앞에 영양 음료 빈 곽이 빈 박스 위에 널려있다. 아드님이 사온 지 일주일이 안 되었는데, 어르신께서 두 박스를 다 드신 것이다. 하루에 아홉 개 정도를 드신 셈이다. 좋은 것도 균형 있게 드셔야 제 기능을 발휘한다고 들었다. 아드님과 상의해야겠다.

어르신은 초코파이, 김, 사탕 같은 간식을 장롱 깊숙이 넣어두신다. 아무리 찾아도 없다. 워낙 정리를 좋아하셔서일까? 사람이 늙어서도 끝까지 맑은 정신을 유지한다는 게 어려운 일 같다.

친정엄마가 전화하셨다. 날씨가 선선해지면 당신이 가야 할 산에 가자고 했다. 엄마는 죽음 후에 화장해서 올케 소유의 산, 어느 나무 밑에 묻히고 싶어 하신다. 4년 전 외삼촌이 그 산으로 가셨다. 엄마의 정신이 온전하고, 죽음 껴안기에 대한 바른 생각을 갖고 계시는 것을 감사드린다. 자식이 먼저 이런 말을 하는 것이 어려운데, 엄마가 흔쾌히 말씀해주시니 다행이다. 엄마의 힘들었던 삶이 아름답게 마무리될 것이다. 엄마의 수고와 눈물을 통해 세상에 나와 보고 들으며 일상을 누리고 있는 나다.

§ 6월 19일(수, 맑음)

"나는 황해도에서 나고, 서울에서 살고, 6 · 25 때 부산에 피난 다녀온 것밖에 몰라. 그런데 참 지구에 희한한 데가 많아."

어르신이 TV 보시며 말씀하신다. 직접 하는 여행에서 보거나 체험할 수 없는 것을 TV로는 가능한 것 같다. 눈으로도 충분히 집중할 수 있어 좋다. 신비하고 놀라운 곳이 많다. 물론 앞으로 더 많이 보게 될 것이다. 여행은 유행일까, 유혹일까?

페루의 절벽 호텔을 본다. 보는 내내 긴장을 한다. 여행은 보통 모르는 곳에 가서, 모르는 사람이 되어, 속박 대신 자유를 느끼며 몰랐던 나를 바라보며 마주한다. 그런데 이런 유명한 곳에 가서 대자연을 직접 바라보는 색다른 체험은 나를 일깨우고, 숨은 내 감정을 찾아가는 게 분명하다. 자연도 경이롭지만 직접 겪어 보면서 다른 시각을 가질 수 있겠다.

§ 6월 21일(금, 맑음)

어제 집에서 애호박으로 달걀전을 해서 어르신께 조금 드렸더니 좋다고 하셨다. 그래서 점심으로 호박전을 했다.

"입맛에 맞으셔요?"

"좋지. 맛있어."

치아가 없어도, 갈아드리지 않아도 잇몸으로 잘 소화하시는 것 같다. 오히려 몽글몽글한 것이 더 식감이 있을 것도 같다. 구운 김도 좋아하신다.

식사 후에 요양호보센터에서 사회복지사 선생님이 오셨다. 늘 하시던 것처럼 선생님은 사인 받으시고, 교육 내용을 알려주신다. 66년 만에 맞는 더위인 만큼 잘 지내고, 의료 대란이 왔으니 아프지 않게 잘 보내시라고 하신다. 어르신은 처음 입원했던 일을 말씀하셨다.

TV에 조명 디자이너가 나왔다. 빛은 좋은 음악처럼, 잘 이용하면 우리를 훨씬 편안하고, 풍성하게 한단다. 건축의 마지막은 조명이라고 한다. 조명이 주는 효과 때문에 반가움과 기쁨을 맛보는 것은 확실하다. 죽었던 건물이 살아나며, 완전히 다른 세상이 펼쳐진다. 조명은 에너지 덩어리다. 건물이 조명에 따라 새롭게 보이는 게 매력적이며 신비하다. 어르신도 조명을 적절히 활용하신다. 빛이 환한 날은 빛이 사선으로 충분히 들어온다며 안방 전등을 끄라고 하신다. 너무 밝은 것보다는 적당히 밝은 게 따뜻해 보이며 눈에도 좋다.

§ 6월 25일(화, 맑음)

어르신 댁에 오니 영양 음료 빈 팩이 현관문 밖에 쌓여 있다. 집 안에는 마시지 않은 영양 음료가 두 박스나 있다. 아드님께서 가져왔다고 하신다. 입맛에 맞으면 충분히 드시라고 아드님이 사오신 거다.

"영양 음료가 좋으시죠?"

"응."

부모의 원대로 해 드리는 것이 효도의 한 방법이겠다.

TV에 6·25를 기념해서 옛날 노래가 나온다. 대학생 때 학도의용군으로 전장에 나간 친정아버지를 생각하면 눈물이 난다. 그 당시 피폐했던 삶, 숨이 턱턱 막히도록 힘든 삶을 살아내셨다. 전쟁 중 다리에 총탄을 맞았는데, 당시에는 몰랐던 것을 나중에야 그 부상의 심각성을 알았다. 아버지를 이해하지 못한 나는 아버지 때문에 불행했다며 미워했다. 가장 필요한 부모님의 지지와 응원을 받지 못하고, 울타리 없이 당신의 힘으로 공부하고, 혼인도 하여 많은 것을 이루신 분인데, 그런 실상을 공감하지 못하고 애써 외면했다.

내 자녀가 대학생 때 전쟁터에 나갔다면 어떠했을까? 나는 어떤 마음이었을까? 아직도 세상 욕심으로 가득 찬 내 모습을 본다.

§ 6월 26일(수, 맑음)

어르신 심부름으로 은행에 다녀왔다. 누구 돈이든 돈 찾는 일은 잠시지만 기분 좋은 일이다. 배부른 느낌이다. 어르신이 좋아하는 구운 김, 초코파이, 사탕, 종량제 봉투를 샀다. 방세도 냈다.

TV에서 가요제를 하는데, 사람이 꽉 찼다.

"저렇게 손뼉 치다가도 말 한마디 잘못하면 주먹이 왔다 갔다 해."

"금방 혈기 내지요."

"1초도 안 가. 한 번 좋게 봤으면 끝까지 가져가야 하는데 그게 안 돼. 서방도 잠자고 껴 앉을 때는 좋지만 한 번 나쁘면 땡이잖아."

"그러네요."

누구든지 사람은 죽을 때까지 자기 자신과 전쟁을 하나 보다. 나도 겉모습이 무난한 척, 교양 있어 보일 때가 있다. 보이지 않는 내면의 싸움에서도 선하고 온유한 자가 된 것 같아도, 내 남편처럼 사소한 사건 앞에서 혈기 내고, 금방 욕하며 무너진다.

가장 가까이 있는 남편과 관계에서 그렇다. 남편이 싫어하는 일은 되도록 안 한다. 남편은 내향적이고 매사에 반듯하고 정침하고 완벽주의자다. 그러나 나는 외향적이고 대충하는 경향이 강하다. 잘 안 고쳐진다. 타고난 기질인 거 같다. 성향이 다른 남편과 한 공간에서 부딪히는 것은 어쩔 수 없다.

§ 6월 27일(목, 맑음)

어르신이 TV에서 마약 하는 사람들이 잡혀가는 걸 보시며,

"죽는 거 알면서도 왜 하는지 몰라?"

무더위에 온열 환자가 많이 발생한다고 하니,

"하늘에서 해가 뜨는 걸 누가 말려? 하늘에서 일어나는 재앙이야. 욕심 때문에 발명을 너무 했어."

어르신이 종일 TV를 보시고, 예전부터 세상사에 관심이 많으시니 나름대로 판단을 하신다. 역설적이며 철학적이다. 밥상에 물기가 있었다. 나중에 닦아야지 하며 깜빡 잊었다.

"아줌마, 이것 좀 닦아요. 여자가 털털하면 안 돼."

지적하는 것도 잊지 않으신다. 젊었을 땐, 무척 정갈하셨을 것이다.

토크쇼에 나오는 어떤 분이 잊지 못할 사건을 소개한다. 조카 상견례 자리에 갔는데, 사돈 되실 분이 형수의 6촌 오빠였다고 한다. 그래서 혼사는 당연히 깨졌다.

순간 동성동본불혼이었던 때가 생각난다. 지금은 없어졌

지만, 내가 결혼할 당시에는 금지했다. 남편은 본가에 동성동본임을 숨기고, 혼인 후에 사실을 말씀드리고, 시골에서 조용히 혼인신고를 했다. 당시 주위에는 이 법 때문에 난감한 사람이 꽤 있었다. 남편의 거짓말 덕분에 결혼한 것이 아이러니다. 혼인신고를 해 주시면서 시어머니는,

"다시는 이런 짓 하지 마라. 내 아들이 했으니 이번에는 넘어가마."

그런데 살면서 이런저런 거짓말을 아직도 한다. 앞에서 야단맞는 것을 피하려고 하는 내가 싫다.

§ 7월 1일(월, 흐리고 비)

어르신께서 주무신다. 선풍기가 혼자 돌아간다. 목욕하시고 갈아입은 옷을 작은 방에 두셨다. 나는 세탁기에 빨래를 넣고, 고구마를 삶고, TV 보며 조용히 있었다. 한참 후에 어르신이 일어나 물과 간식을 드신다.

씽크대 하수구 플라스틱 거름망이 안 좋아 쇠 거름망을 사왔다고 말씀드리니,

"어휴 잘했어. 잘했어. 얌전하네. 그게 영 불편하지."

"네, 특히나 여름에는 씻는 게 잘 안 돼요. 쇠는 뜨거운 물, 빨래 삶은 물에서 소독해도 돼요."

"사람이 사람을 보며 살아야지. 아줌마가 오니 내가 뭘 먹고

움직이잖아. 혼자 있으면 그게 안 돼."

빨래를 마치고 호박전을 했다. 호박이 부드러워 어르신이 좋아하신다.

TV에서 어떤 작가를 소개한다. 나무로 망치를 많이 만들었다고 한다. 망치는 결정의 도구, 권력의 도구란다. 인간이 서로 다른 시간과 공간에서 삶을 이룰 때 그걸 결정하는 수단으로 망치를 이미지화했다. 인생은 결정의 연속이란다.

어제 12년을 섬기던 교회 주일학교 교사를 내려놓았다. 나는 초등학생 때부터 힘들었고, 철이 들면서 불행하다고 생각했다. 그때를 직시하고, 그때의 감정을 요즘 아이들과 나누고 싶었다. 편안하지 못한 가정에서 겪은 아픔, 불안, 외로움, 슬픔, 허무, 소외감, 단절감 같은 시린 기분, 가슴 깊숙이 꽁꽁 싸매둔 어두운 감정 따위를 꺼내 말하고 싶었고, 치료받고 싶었다. 그래서 주일학교 교사를 하게 되었다.

7월부터 반이 개편된다. 남편과 상의해서 결정했다. 63세까지 주일학교 교사를 할 수 있었던 것은 행운이다. 좋은 것은 확실히 표현하고, 싫어하거나 불편한 것은 당당히 말하는 알파세대의 감성과 욕구를 받아내는 감각이 점점 옅어지는 걸 느낀다. 또 딸이 9월에 출산 예정이니, 당연한 결정이라고 생각한다.

교회 주일학교 교사를 하면서 얻은 가장 큰 것은 두 가지다. 하나님 말씀으로, 하늘의 관점으로 나에게 일어나는 모든 일을 해석하는 걸 배웠고, 결핍을 그대로 인정하는 법을 익혔다. 결핍을 감추지 않고 마음을 열 때 열등감, 비교, 상처, 중독으로 가지 않는다. 아직 부족한 게 많지만 내 처지를 인정하며, 내 모습을 정확히 알아갈 수 있었다.

아이들 개개인의 사정을 듣다보면 모두 다르지만, 결핍이 없는 아이가 없다. 결핍과 어려움을 겪었던 내가 조금이라도 도움이 되길 바라는 마음에서 들어주고 기도하며 함께 이야기한다. 때로는 그 부모님과 대화한다. 또 비슷한 처지에 있는 선생님들과 소통이 힘이 된다. 선생님들끼리 많은 기도 제목을 공유하며 받은 은혜가 참 많다. 일일이 열거할 수 없을 정도다.

지난주와 똑같은 예배지만, 울컥하는 마음으로 내가 참석하는 마지막 소년부 예배를 마쳤다. 아이들이 많이 그리울 것이다.

§ 7월 6일(토, 흐림)

침대 패드를 세탁기에 빨았고, 미역국을 끓이는 동안 어르신과 TV를 본다. 학교급식 조리사들 이야기다. 너무 열악한 환경에서 근무하니까, 폐암에 걸린다고 한다.

"환기를 해야 하는데, 지하에서 무슨 환기가 되겠어. 쯧 쯧 환기가 중요해."

"그럼요. 수고에 합당한 대가를 받아야 하는데, 그렇지 못하네요."

어르신이 몸소 겪었기 때문에 더 관심을 가진다.

우리 세 자녀 모두 학교급식을 먹었다. 큰아들이 중학생일 때 학교급식이 시행되었다. 그전에는 도시락을 가지고 다녔다. 김치가 제일 문제였다. 잘못하면 흐르고, 겨울에는 따뜻한 국이 있어야 좋은데, 그런대로 견디다 급식을 먹으니 많은 점이 해결되었다. 급식 먹고 이렇게 장성했구나 생각하니, 이 문제가 남다르게 다가온다. 그분들에게 알게 모르게 신세를 많이 졌다.

코로나 시절, 어느 학교 급식실에서 청소하는 아르바이트를 한 적이 있다. 학생들이 식판을 놓는 식탁과 칸막이를 닦는 거였다. 그때는 매우 깨끗하게 하는구나 싶었는데, 급식에 종사하는 분들이 너무 열악하고, 폐암까지 온다니 가슴이 아프다. 사람이 살아가는 데 식사는 중요한 기본 사항이다. 밥 한 끼 같이 먹는 일은 친밀감의 시작이고 위로다. 이런 일에 종사하는 사람을 홀대해서는 안 될 것이다.

이번에는 세계 명소가 나온다.

"어이 시원하고 좋다. 참 좋아."

"시원하고 좋죠. 보는 것만 해도 참 좋네요. 저런 곳에 가고 싶지 않은 사람이 어디 있겠어요? 안 가고, 안 쓰고, 절약해서 자녀들 공부시킨 어르신이 경치보다 더 좋고 대단해요."

"허허 난 서울에서만 70년을 살았어."

어르신의 지난 세월을 인정해 드리니 좋아하신다.

오후에 경기도 광주에 갔다. 예전에 함께 지냈던 교회 목장의 집사님이 이곳으로 이사해서 냉면 가게를 여셨다. 새로 들어선 버스터미널이 있는 곳이라 넓고 쾌적했다. 살림이 확 펴지고, 1년이 안 되어 가게를 열었으니, 이쪽으로 이사 오시길 잘하셨다. 두 분 집사님의 얼굴도 좋아보이고, 건강하셨다. 그동안 쌓인 이야기를 하고, 냉면을 대접받고, 따로 갈비탕을 포장해 주셨다. 고마운 분들이다.

§ 7월 10일(수, 맑음)

"비가 오려나 봐. 다리가 콕콕 쑤셔. 허리가 너무 아파."

좀처럼 아프시다는 말씀을 안 하시는데, 어르신이 많이 아프신가보다. 모처럼 햇빛이 활짝 비쳐 좋은데, 방 안에서는 알 수 없다. 식사를 하시고, 간식 드시며 TV를 보셨다. 혼인식에 평균 2~3억 든다고 한다.

"어르신은 전통 혼례를 하셨죠?"

"그럼, 어떻게 살았는지 모르겠어. 세월이 빨리 지나가버렸어. 한 번 한다고 저렇게 바가지 씌우면 안 돼."

지난 3년 6개월 만에 우리 세 자녀가 결혼했다. 아이들이 독립했다. 아이들은 최대로 절약해서 알뜰하게 적은 비용으로 혼인식을 치른 거 같다. 감사드릴 일이다. 자신의 처지를 알고 예식을 진행한 것은 장하고 칭찬 받아 마땅하다.

큰아들은 알아서 할 것이니 돈은 안 줘도 된다고 했다. 그래도 부모가 되어 아무것도 안 하는 게 민망해 3,000만 원을 도왔다. 큰아들은 그걸로 방 얻는 데 보탠다고 했다. 다음 해, 둘째는 형한테 해 준 것만큼 해 달라고 했고, 그렇게 했다. 다시 1년 반이 지나 딸이 결혼했다. 오빠들만큼 해 준다며 3,000만 원 줬다. 동거로 시작한 나와 남편을 본받지 않고, 제때 결혼해 준 자녀들이 고맙다.

이제 엄마의 때를 졸업하고, 할머니의 때를 맞이했다. 그런데 아쉬움이 더 크다. 특별히 자녀들에게 잘 먹고, 잘 노는 것을 가르치지 못했다. 일상에서 가장 큰 비중을 차지하는 것을 놓쳤다.

다섯 명이었던 가족은 지금 아홉 명이 되었다. 9월에는 열 명으로 늘어난다. 가족이 늘어나는 기쁨을 무엇에 비유할 수 있을까? 생명을 낳고 기르는 그 순간순간이 벅차고, 신기하고, 귀하다. 며느리 사위도 좋지만, 손주는 예쁘고 사랑스럽다. 하나님의 귀한 창조 사역에 동참하는 기분이랄까? 하나님의 사역과 기쁨을 나누는 것 같다.

§ 7월 11일(목, 맑음)

날씨가 더운데 TV에서 바다를 배경으로 바다 스포츠를 중계해 주어 어르신도 나도 즐겁게 봤다.

"시원하네요. 이렇게라도 볼 수 있으니 다행이네요."

"그래, 기술이 좋아. 파도를 저렇게 타고 넘어가니. 하늘하고 바다하고 붙었다. 저기 깃발 좀 봐 많이 있지. 국기 중에서 우리나라 태극기가 최고야. 하늘, 땅이 다 들어있어. 그 옛날 사람도 천지를 알았어. 그러니 다른 사람들한테 잘하고 살아야 해."

어르신께 그림책을 읽어드렸다. 제목은 '일부러 그런 거 아니야'다.

아이는 아빠랑 놀고 싶은데, 아빠는 늘 바쁘다. 그런데 아무리 바빠도 조상 대대로 물려받은 의자는 소중하다며 닦았다. 아이는 미운 마음에 그 의자에 낙서를 하고는 안 했다고 거짓말까지 했다. 아빠는 벌을 주며, 정말로 소중한 것을 생각한다. 의자를 바깥으로 밀고 나가 아이와 기차놀이를 한다. 서로 기분이 말랑말랑해진다.

그림책이지만 남편이 읽었으면 좋겠다. 남편도 일중독으

로 젊은 시절을 보냈다. 나 역시 일 중심 사람이라 소통하고, 관계 맺고, 상대의 마음을 읽어 내는 것에 약하다. 그럼에도 자녀들이 잘 자라주어 고맙다. 내일 자녀들이 모두 모여 큰아들의 승진을 축하한다. 손녀 혜랑이가 오면 그림 그리기, 기차놀이, 숨바꼭질을 해야겠다.

§ 7월 13일(토, 맑음)

비 예보가 있었는데 하늘이 맑고 햇빛이 쨍쨍하다. 큰아이 부부가 먼저 도착했다. 나는 전심으로 아들과 며느리를 안아주었다.

"어휴 큰일 했어, 장하다. 엄청 고생했어. 우리 아들, 며느리."

이어 출장뷔페가 배달되었는데, 음식이 잘 포장되었다. 곧 딸 부부가 케이크를 사왔고, 이어서 둘째 부부가 혜랑이와 들어왔다.

밥, 국은 각자 접시에 뜨고, 펼쳐진 음식을 식성대로 담아 거실에서 먹었다. 남편이 식사기도를 했는데, 특별히 큰아들의 승진을 감사드리고, 내일이 생일인 둘째 며느리를 축하했다. 아이들이 자랄 때 윽박질렀던 점을 회개하며 잘 자라준 것에 대한 감사도 잊지 않았다. 어제 경동시장에서 잡곡을 사와 밥을 짓고, 혜랑이를 위해서는 흰쌀밥도 했다. 모두들 뷔페 음식이 좋다며, 자주 이용하자고 했다.

이렇게 집에서 식사를 하니, 차를 마시기 위해 이동하지 않아 편하다고들 한다. 지난날 이야기를 하며 다들 흐뭇해 하니, 나도 덩달아 기분 좋았다. 좋은 일에 안전사고가 날 수 있고, 오해도 생길 수 있다며 모두에게 기도를 부탁하며 마무리했다.

딸 부부가 먼저 출발하고, 큰아들 부부가 설거지와 뒷정리를 하고 돌아갔다. 둘째네는 내일 전주에 간다며 혜랑이를 데리고 근처 공원에 갔다. 나는 얼른 혜랑이가 좋아하는 감자와 옥수수를 삶았다.

저녁에 혜랑이와 놀았다. 박타기 놀이를 했다. 요가 매트를 양쪽에서 들고 쓱싹 쓱싹 박타기를 하다가 '퐁'하면 '마이쥬'가 나온다. 신이 났다. 혜랑이가 안방에 들어가 침대에서 떨어진 것을 주우려고 하니, 위험하다고 둘째가 얼른 아이를 안았다. 그랬더니 떼쓰지 않던 혜랑이가 막 울기 시작한다. 둘째가 혜랑이를 혜랑이 엄마에게 넘겼다. 혜랑이를 데리고 작은 방에 들어가 혜랑이를 달랬다. 곧 혜랑이가 거실에 나와 눈물과 함께 그렁그렁한 목소리로,

"아빠 미안해요. 아빠 미안해요."

"으음, 이제 괜찮아."

하며, 둘째가 안아준다.

아빠와 딸의 진심이 느껴진다. 나도 울컥했다. 울림이

있는 장면이다. 나는 저렇게 자녀들의 마음을 채워주지 못했다. 혜랑이도 이제 두 돌이 지났으니 말귀를 다 알아듣는다. 의사 표시도 하고, 옳고 그름도 분별하는데, 설득하지 못하고 윽박지르거나 전후 사정없이 무조건 따라 오라고 하면 통하지 않을 것이다. 혜랑이 엄마와 아빠의 의사소통 방식이 자랑스럽다.

§ 7월 15일(월, 맑음)

반찬을 하려고 호박을 샀다. 두 개를 포장해 1,500원이다. 수요일은 내가 쉬는 날이라 두 개 모두 요리했다. 채를 썰어 양파랑 함께 소금에 절였다. 10분 정도 있다가 꼭 짜서 달걀을 넣고 프라이팬에 전을 부쳤다. 그런데 어르신 심기가 불편하셨나보다. 어르신은 늘 발과 손으로 걷는다. 화장실에 다녀와 부엌에 걸터앉으신다.

"여기서 식사하실래요?"

"응."

호박전, 초간장, 순두부찌개, 김자반으로 상을 차렸다.

"전 색깔이 더 노랗게 되어야지. 그래야 맛있어."

"네."

"왜 이렇게 많아, 멍청하게. 호박이 많으면 반으로 나누어야지. 그것도 몰라."

전 한 개면 충분한데, 세 개를 만들었으니 양이 많다. 냉장고에 두고 잡수면 된다고 생각했는데, 어르신이 갑자기 언성을 높이시니 당황스럽다.

"죄송해요."

"이거 다 가져가. 내일부터 오지 마."

"그럼, 센터에 전화해야겠네요."

"그래야지."

나는 바로 요양보호센터에 전화하고 어르신 댁을 나왔다. 집에 돌아오면서 이렇게 그만두는 것이 맞을까 하는 의문이 생겼다. 센터에 전후 사정을 이야기하고, 아드님께 전화했다. 아드님은 어르신이 노발대발한 것이 아니라면 안심이라며, 사소한 갈등은 늘 있는 것이니 웬만하면 더 있어 달라고 한다.

마음을 추스르고 한참 후에 시장에 가서 우리 가족이 먹을 달걀, 과일, 가지를 샀다. 시장에서 우리 집에 오려면 어르신 댁을 지나야 하는데, 마침 어르신이 바깥에 나오셔서 손을 흔드신다. 어르신이 걷는 게 부자연스러울 것인데, 언제부터 나와 계셨을까?

"아줌마, 우리 집에 일하는 사람 보내줘요."

"어르신, 제가 하는 게 아니라 센터에서 하는 거예요. 아드님이 저보고 내일도 하라고 했어요."

"아, 그래요. 고마워요. 고마워."

나는 대문을 열고 들어가 어르신께 참외 하나를 드렸다. 연실 고맙다고 하신다. 예기치 않은 일에 좀 혼란스러웠고, 가슴이 뛰었다. 그런데 일단은 내가 하던 일이니 아직은 더 하는 게, 보호자 말대로 여러 사람이 편할 거 같다.

§ 7월 16일(화, 비)

"안녕하세요?"

"어서 와요."

어르신은 어제 있었던 일을 깔끔히 정리하신 것 같다. 말씀은 거의 없으시지만 불편한 감정을 지속하시지 않는다. 잘잘못을 따지실 연세는 지나셨을 것이다. 나이가 옳고 그름을 넘어선다는 말을 보여주셨다. 어르신은 노쇠하셔서 기력이 없을 뿐 아니라 정신마저도 오락가락하실 때가 있다. 어떤 것은 중심을 잡고 분명히 말씀하지만, 그렇지 않을 때는 내가 어르신의 사정을 이해해서 알아들어야 한다.

여섯 명이 찍은 가족사진을 넣어 걸어둔 액자를 가리키시며,

"저기 아이가 지금 여기 오는 막둥이 아들이야. 옆에는 큰며느리, 손주고, 딸이 둘이야. 큰며느리가 나한테 참 잘했는데,

보고 싶다."

"어머. 정말 예쁘게 생겼네요. 인물이 다들 좋아요."

가족이 잊혀지고, 버려지면 어떻게 될까? 가족만큼 가장 기본적인 것부터 모든 것을 함께 공유하고, 신뢰하는 공동체는 없을 것이다. 가장 못난 것까지 포용해 주니 든든하다. 그래서 가족이 등 돌리면 남보다 못한 일들이 벌어지나보다. 모든 문제의 끝에는 돈이 있다고 하는데, 돈 때문일까? 생각이 달라서일까?

어르신께서 식사하시고, 화분을 찾으신다.

"화분 갖다 놔야지."

"네. 잎이 더 파래진 거 같아요."

비가 많이 온다고 하여 집 바깥 담장 위에 내다 놓았다. 어제도 비가 내렸으니 비를 충분히 맞았을 것이다.

§ 7월 19일(금, 비)

호박전 대신에 팽이버섯전을 했다.

"어르신, 드실 만 하세요?"

"응."

식사를 마치고, TV를 트신다. 쪽 염색하는 것을 보시고 말씀하신다.

"옛날 사람들은 머리가 좋아."

"참 그러네요. 어쩜 저리 고운 색을 만들까요?"

적당한 바람, 온도, 공기, 햇빛만으로 염색을 하는데, 저런 찬사는 들을 만하다.

기부 행사로 사막 마라톤에 참가한 사람이 나왔다. 요즘에는 여러 다양한 방법으로 기부 행사를 하니 참신하게 보인다. 사막에 물이 귀하지만 2일 차 일정을 끝내고, 발이 가장 중요하다며 발을 씻는다.

몸의 어느 기관 중 시시한 것은 없겠지만, 요양보호사로 일하면서 새로 생긴 습관 중 하나는 매일 저녁 발을 씻는 것이다. 예전에는 힘들면 내일로 미루었다. 막상 어르신들을 대하니 걷는 게 중요함을 알았다. 신체의 이미 약해진 부분은 어쩔 수 없지만, 사는 날까지 건강해야 한다. 이 돌봄을 하면서 내 노후를 대비할 수 있어 다행이다.

울트라 마라토너 심재덕 씨가 나왔다. 25세 때 호흡성 질환을 앓았는데, 수술을 해도 완치가 어렵다는 말을 듣고, 그때부터 달렸단다. 퇴근하면서 한 시간 반 동안 산을 뛰어 집에 간다. 평지뿐 아니라, 오솔길, 산길도 문제가 안 된다. 국내외 대회에서도 많은 상을 받았다. 어느 외국 대회에서는 11년이 지나도 이분의 기록을 깬 사람이 없다고 한다. 사람은 극한 상황에 다다르면 고유의 능력, 천부적인 능력이 나오는가보다. 고난을 잘 이겨내면 축복이 온다는 걸 증명한다. 그 재능을 다른 사람과 나누며 함께하는 모습을 보시며 어르신이 한 말씀하신다.

"저거 아무나 못해. 용기 없으면 저런 거 못해. 하늘이 주신 거지."

§ **7월 22일(월, 비)**

비가 쉴 때도 있지만, 내릴 때는 하늘이 뚫린 것처럼 퍼붙는다. 다행히 어르신 댁에는 비 때문에 불편한 것은 없다.

"갑자기 큰며느리가 보고 싶네. 서울에 살아. 이상하지. 죽을 때가 가까웠나?"

"뭐가 이상해요? 사람이 사람을 보고 싶은 게 당연하죠."

"큰며느리는 내가 뭘 해줘도 다 맛있다고 했어. 김치면 김치, 오이지도, 국도 맛있대."

"어르신을 잘 따랐네요."

TV를 보며, 어르신이 목기침을 하여 등을 쓰다듬어 드렸다. 어느 가수가 '엄마 아프지 마세요'를 열창한다.

"아프지 말래요."

"늙었으니까 아픈 거야."

어르신의 이런 모습, 모든 걸 받아들이고 순응하는 모습이 참 좋다. 사람의 생로병사를 확실히 알고, 매 순간 인정하고, 누구 탓하지 않으신다. 아파서 고통스럽기는 해도, 그것 때문에 불안해하시지 않는 것이다.

드라마로만 보았던 대일항전기, 동족 간 전쟁도 겪으셨다. 해방 이후 지금까지 매 순간 치열하게 많은 일들을 겪으셨다. 아찔한 일도 많았을 것이다. 늘 좋은 일들만 있었을까? 90이 넘은 노구의 열매 또한 귀하다. 한국에도 손주가 있고, 캐나다에도 잘 살고 있다고 들었다. 정말 귀하다. 살아낸 그 자체만으로 존중받아 한다.

§ 7월 29일(월, 흐림)

기운이 없으시다는 어르신이 문득문득 신경 쓰였다. 쇠고기 야채죽이 더 영양가 있을 거 같아서 호박, 당근, 양파, 팽이버섯을 넣고 죽을 쑤었다. 쇠고기는 냉동실에 갈아놓은 것이 있다. 내 입에는 드는데, 어르신은 두 숟가락 뜨시더니 마다하신다. 아무래도 안 될 것 같아 지난번에 드신 게 생각이 나서 이번에는 쇠고기만 넣어 쌀죽을 쑤었다.

"아, 힘들다. 기운이 없어."

하시면서 다섯 번 정도 드셨다. 걱정이다. 평소 TV를 틀어놓으시는데, 꺼놓고 계신 것도 이상하다. 적막함을 해소하려고, 외국 사람이 쓴 '한줌의 모래'라는 그림책을 읽어 드렸다.

여름휴가가 끝나는 날, 동생 눈에는 눈물이 고였고, 주인공 마음에도 아쉬움이 남았다. 신발 속에는 모래가 가득 남았다. 동생과 주인공은 모래를 심었다. 무엇이든 잘 자랄 것이라고 잔뜩 기대했다. 파라솔 밭이 될까? 풍차 숲, 아이스크림 꽃밭, 든든한 요새가 될지도 모르겠다며 설렜다. 모래알들이 다시 넓은 해변으로 변할지도 몰라. 그렇게 졸린 눈을 비비고 있을 때, 새로 모래를 모을 수 있도록 아빠는 내년에 꼭 데려간다고 약속했다.

"재미있다. 좋다."

늘 그렇듯이 어르신께서 그림책을 좋아하시지만 나도 감명을 받는다. 모래가 씨앗이 될 수 있고, 주위에 있는 하찮은 것을 심을 수 있고, 아무것도 아닌 게 모여서 의미 있는 게 된다는 것이 교훈이다. 유치원 정도의 아이들이 모래를 매개체로 재미난 생각을 한다. 필요하고, 실현 가능한 이야기다. 모래를 불로 끓이고 녹이고 식혀서 유리공예, 유리컵을 만든다는 건 알고 있다. 흔히 꿈은 이루어진다고 하였다. 그런데 나는 어려서 이런 생각을 한 적이 없다. 그런 나는 자녀들에게 이 같은 생각이나 꿈과 상상력을 불어넣어 주지 못했다.

§ 7월 30일(화, 맑음)

"안녕하세요?"

어르신이 누워서 손을 흔드신다.

"죽을 끓일까요?"

"그래. 얼른 먹자."

쇠고기 야채 죽이 좋을 것 같아 끓였는데, 두 숟가락 뜨시고 안 드신다.

"기운 없어."

하시더니 다시 누우신다.

TV에서 지구와 인간에 관한 다큐가 나온다.

"물이 있어야 해. 그래야 생명이 살아. 땅속 벌레도 다 필요해서 우리랑 사는 거야."

몸이 불편하셔도 가장 근본적인 것에 관심을 가지시는 어르신의 멘탈은 여전하시다.

"맞아요. 모두가 다 귀하다고 했어요. 눈앞의 이익만 보는 저 같은 사람이 참 안타깝죠. 대단한 것도 아닌데, 왜 그랬는지 모르겠어요? 쌀죽을 끓여 놨으니, 이따가 더 드셔야 해요."

"걱정 마. 냉장고에 먹을 게 꽉 찼으니 내가 알아서 먹을 거야."

"너무 안 드시니 아드님에게 전화할까요?"

"왜, 해? 아들이 오면 내가 먹고, 안 오면 안 먹는 거야? 나 그런 사람 아냐. 그럴 필요 없어."

역정을 내시며 단호하게 말씀하신다.

어르신이 머리띠를 잊어 버려서 내 것을 드리고, 손수건으로 남은 머리카락을 묶어 드렸는데, 조용히 계신다. 아직 머릿결은 좋으시다. 염색은 한다고 하신다. 자주 염색하여 변장에 익숙한 나를 보실 뿐이다. 센터에 식사를 못하는 상황을 알려드렸다.

저녁에 교회 집사님의 시어머니 장례예배에 남편과 갔다. 집사님은 돈 없이 늙어버린 시어머니를 무시했다고 회개했다. 나 역시 그런 상황이라면 더 했을 것이다. 아예 모시지도 못했으니, 내게 선한 것이 없다. 집사님을 위로하기보다는 내가 회개하러 온 것 같다.

목사님이 예배를 인도하시며 유가족을 향해 할머니가 천국에서 무얼 하실 것 같으냐는 질문에 손자가,

"계속 누워 계셨으니 천국에서 뛰어다닐 거 같아요."

라고 해서 박수를 받았다. 죄와 질병, 모든 속박에서 완전 자유롭게 되셨으니 얼마나 좋을까? 천국을 믿는 자의 죽음은 축제처럼 이루어진다는 말을 알겠다.

방식은 조금씩 다르겠지만 거의 모든 사람이 부모님의 죽음을 접한다. 그래도 같이 했던 사연들 앞에 모두 숙연해지며, 슬픔과 회한의 정을 나눈다. 친정아버지는 내가 대학생일 때 돌아가셨다. 연락받고 큰오빠 집에 갔는데, 지은 죄가 있어 어찌할 바를 몰랐다. 그럼에도 잘 모셨고, 마무리까지 완전하게 해 주신 큰오빠께 감사드린다.

시부모님이 돌아가셨을 때는 큰시숙님이 총괄하셔서 그냥 따르기만 했다. 그때는 지금처럼 간절하고 애처로운 마음이 없었다. 그분들 삶의 무게를 몰랐고, 그저 그분들의 존재가 크지 않은 것으로 알았다. 지금은 생명의 전달자로 내 삶의 가장 중요한 분들이었음을 깨닫는다.

§ 8월 5일(월, 무더위)

불볕더위인데 어르신은 고작 선풍기 한 대로 버틴다. 피부 감각이 무뎌지셨는지, 메리야스는 입으셨지만 겨울바지를 입고 계신다.

"더운데 목욕하실래요?"

"아니야. 저녁에 내가 할 거야."

걱정말라며 배고프면 밥을 먹겠다고 하셨는데, 아무 흔적이 없다. 따뜻한 밥을 미역국에 말아 드셨다. 순두부 김치찌개를 좋아하셨는데, 기침을 하신 이후로 조금만 매워도 안 드신다. 양배추 물김치를 드렸는데, 입맛에는 맞으신가보다. 식사하실 때만 일어나시고, 계속 누워 주무신다.

저번에도 그랬는데, 은반지 두 개가 화장실 입구에 놓여 있다. 실반지가 아닌 두꺼운 반지다. 오른손에는 옥 반지를 끼신다. 반지가 좋으신가보다. 나는 일하는 데 불편해서 반지를 끼지 않는다.

"이 반지 누가 해드렸어요?"

"몰라."

만사가 귀찮으신 거 같다. 아홉 살 때부터 가장 노릇을 하셨으니, 여기저기 열매가 많은 것 같다. 노년이 된 지금, 시간의 질서에 순응하고 계신다. 누구도 비껴갈 수 없는 시간, 누구에게나 공평한 시간이다. 많이 힘드실 텐데, 아프다는 말씀을 뜨문뜨문 하신다.

§ 8월 7일(수, 무더위)

우리 집의 냉장고에서 물이 새어 서비스를 접수하는데, 기계와 말하려니 소통을 제대로 할 수 없다. 짜증이 났다. 어렵게 접수하고, 급히 어르신 댁으로 출발했다.

"밥은 나중에 먹자. 안 넘어가."

식사하기 싫으신 것 같다. 의자에 앉은 자세가 곧으셨는데, 거의 누워만 계신다. 영양 음료가 떨어져 주문하고, 아드님에게 전했다. 갈아입으신 속옷을 삶고 빨았다. 어르신이 거의 말씀이 없다.

일이 끝나고, 시장 안에 있는 내과에 갔다. 건강검진 결과 빈혈이 의심된다고 하여 상담했다. 예전에 이곳에서 빈혈 약을 처방받았는데, 역시 빈혈 약을 처방해 주셨다. 의원을 나서려다 요양보호사교육원 원장님을 만났다. 무척 반가웠다. 원장님은 요즘 감기로 고생하신단다. 얼굴도 몸도 부어보였다. 워낙 큰 교육원을 운영하시니, 스트레스도 많으실 것 같다. 돌봄을 하면서 원장님이 가끔 생각난다. 원장님을 통해 요양보호에 관한 지식을 배웠고, 자격증을 땄고, 돌봄은 지금 내 인생에서 가장 중요한 일이 되었다. 삶의 전환점이 되었다. 돌보는 일을 통해 다른 사람을 알고, 나를 돌아보게 되었다. 마지막 여정 끝에 위태롭게 서 있는 사람들과 함께 가는 길, 나도 곧 따라가야 할 길이다.

저녁밥은 교회의 양육 동반자와 함께 청국장으로 대신했다. 겨울에 만나고, 지금 보는 거다. 이제 겨우 40이 넘었는데, 인생의 쓴맛을 많이 경험한 집사님이다. 내 지난날을 생각하니, 나도 모르게 정이 느껴져 무한한 응원을 보낼 수밖에 없다.

밤에 윗동에 사는 친구네 집에 갔다. 다른 두 친구가 와있었다. 이런 번개모임이 더 기쁠 때가 있다. 멀리서 벗이 오면 그 또한 기쁘다고 했는데, 딱 그렇다. 언제 만나도 부담 없이 편한 친구들이다. 소소한 이야기들이 주는 즐거움이 있다. 우리 집 깻잎 장아찌가 맛있다고 해 가져가 나누어주었다. 엄마들이라 자녀 이야기, 음식 이야기가 주제다.

§ 8월 8일(목, 계속된 무더위)

어르신께서 식사를 조금밖에 못 잡순다. 가끔 이런 때가 있는데, 날이 너무 더워 어르신도 힘이 드신 것 같다. 나도 그렇다. 언제나 당신 생각을 분명히 말씀하시는데, 별 말씀이 없으시다.

TV에서 고양이가 오리 알을 품고, 오리가 태어나 고양이를 엄마처럼 따른다는 이야기가 나왔다. 누워계신 어르신께 그림책 '여우가 오리를 낳았어요'를 보여드렸다. 여우가 오리 알을 품고, 오리가 태어나니 아들로 여겼다. 여우는 오리 알을 먹잇감으로 생각했는데, 이왕이면 오리를 먹는 게 더 좋다고 생각해서 알을 품었다. 여우는 어처구니없는 결과에 놀라고 신기하고 좋아했다.

"하하하…"

어르신이 연신 웃는다. 그림책뿐 아니라 실제로 우리는 이런 우정이나 가족애를 그리며 생활하며 안 되는 부분을 아쉬워한다. 나도 자녀들, 사촌들, 이웃을 떠올릴 때 못해준 부분이 있어 안타깝다.

저녁에 남편과 교회 집사님의 친정 어머님의 장례식장에 갔다. 친정어머니가 오래 앓으셨다고 한다. 장례식장은 회복의 장소이기도 한다. 각자 생각이 달랐던 가족들이 죽음 앞에서는 하나가 되는 것 같다. 모두가 피할 수 없는 게 죽음이다. 모두가 행복한 가정을 그리고, 정겨운 가족애를 꿈꾸지만, 현실은 그렇지 않다.

사회가 너무 빨리 돌아가고, 사람은 이를 따라가려다 정작 중요한 것을 놓친다. 참 어렵다. 노후문제, 죽음의 문제는 더욱 무겁다. 이성적으로, 법으로, 합리적으로 되지 않는다. 어르신을 돌봐드리면서야 삶의 실상이 피부에 와닿는다. 어그러진 관계로 많이 힘들어하는데, 그 근원이 가족에서부터다. 나만 그런 줄 알았는데, 예외가 없다. 오늘 장례식에서도 그런 사정을 접했다.

§ 8월 9일(금, 무더위)

아침 청소 후, 동대문에서 남편을 만나 남편 반바지를 사러 평화시장에 들렀다. 더워지면서 극성스런 쌀벌레를 쌀에서 발라내어 빈 생수병에 담았는데, 2리터짜리로 열개나 되었다. 고생한 남편에게 바지를 선물하고 싶었다. 10일 후에 가는 교회 수련회 때 입을 것을 샀다. 사위가 사준 반바지도 있지만, 여유 있게 준비하고 싶었다. 긴 청바지와 감색 반바지를 샀다.

몇 십년 만에 온 곳이기도 하고, 시간도 남아 길게 이어진 길을 걸으며 가게 안을 구경했다. 예전에 동대문에 모자를 사러온 적이 있다. 장소는 정확히 모르겠다. 난 어려서부터 모자를 좋아한다. 서부영화를 좋아해서일까? 그냥 센티한 느낌이 좋아서일까? 모자를 쓰면 있어 보이고, 멋져 보이고, 낭만적이다. 그때는 대학생이었는데, 지금은 할머니가 되었다.

어르신 댁에 가서 식사를 차려드렸다. 오늘은 잘 드셔서 안심이다. 그런데 내내 말씀이 없으시다. 식사 외에는 누워만 계신다. 이런 불볕더위에 지내시기 얼마나 힘이 드실까? 기운이 점점 없으신 거 같다. 나는 한 달 전부터 세숫대야에 물을 가득 담아 얼굴을 담근다. 세수만으로 부족하다. 워낙 더우니 감당이 안 된다.

§ **8월 11일(일, 무더위)**

22일부터 시작하는 교회 수련회 준비모임에 참석했다. 모두들 처음이고, 전문가들도 아니다. 그래도 힘을 합치고, 자꾸 머리를 짜니 새로운 방법이 생기는 거 같다. 서로 나누니 지혜도 생긴다. 장로님 이하 모두가 귀하고, 맡은 부분에 열심이다.

저녁 8시에 영상으로 가족모임을 했다. 요즘 묵상 말씀이 다니엘서라 다니엘이 왕의 꿈을 해석해서 2인자가 되는 대목이다. 각자 꿈을 이야기했다. 나는 자녀들이 건강하고, 안전하고, 모두가 구원 받기를 바란다고 했다. 추석

때는 각자 처가와 시댁에 양해를 구해 가족여행을 가자고 제안했다. 우리나라도 좋은 곳이 많고, 또 기회가 되면 외국도 여행하자고 했다.

멘토의 중요성은 다 알고 있지만 실제적으로 어떻게 하는지, 누구를 멘토 삼아야 하는지, 누구에게 갈등 관계를 물어야 하는지 이야기했다. 둘째가 잦은 야근 때문에 피곤한 기색이어서 신경이 쓰였다. 남편이 자녀들을 위한 축복기도로 마무리했다. 다섯 달 만에 하는 모임이라 조금 긴장도 되고, 설렘도 있었다. 무사히 마쳐서 감사드린다.

§ 8월 17일(토, 무더위)

3일 만에 어르신 댁에 갔다.

"식사하시지요?"

"응."

그동안 영양 음료를 많이 드셨다. 영양 음료 빈 곽이 한 보따리나 되었다. 한여름이라도 금방 지은 밥, 김이 솔솔 피어나는 밥이 맛있다. 곧 지은 밥과 미역국에 조금 잡쉈다.

TV에서 목수의 아내가 남편을 도와 억척스럽게 일하는 장면이 나왔다.

"어르신도 저렇게 남자 못지않게 일하셨죠?"

"그럼, 우리 집 남자는 저런 나무 하나 못 들었어."

"예전에 그리 열심히 사셨으니 이젠 편히 쉬셔야죠."

아프리카 세네갈에서 건기에 햇볕과 바람을 이용해 바닷물로 소금을 만드는 방법이 나왔다. 어르신이 정리하신다.

"먹고 사는 방법이 여러 가지야. 하늘에서 먹고 살게 해 주는 거야. 사람은 못해."

지하철 스크린 도어에 적힌 시가 생각났다. 바다가 태양과 바람의 힘을 빌려 소금을 낸단다. 그 소금의 세상살이는 나를 버리고 그대에게 스며들어 머무는 것이라고 한다. 그렇게 밍밍한 세상을 소금이 맛깔스럽게 한다. 먹고 사는 것은 동일한데, 방법은 모두 다르다.

어제와 그제 1박 2일로 딸 사돈 부부와 목포에 다녀왔다. 작년 베트남에는 딸 부부를 포함 여섯 명이 다녀왔고, 이번에는 부부끼리 네 명이 여행했다. 기차를 타고 목포역에 내렸는데, 사돈 부부는 우리보다 먼저 도착해 벌써 무화과 한 상자를 사서 우리 부부를 기다리고 계셨다. 나도 좋아하는데, 남편 눈치가 보여 못 사고 있었다. 우리는 체면을 내려놓고 얼른 한 개 먹었다. 참 달았다. 곧바로 해양케이블카를 타러 갔다. 작년 베트남 케이블카보다는 훨씬 규모가 작다. 그래도 산과 바다를 다 볼 수 있어 좋았다.

전망대에 올라가 저 멀리 수평선을 바라보았다. 주위 섬들이 어울려 그림엽서 같았다. 문득 바다의 내면이 궁금하다. 남편은 평소 합리적이나 뭔가 수틀리는 일이 있으면 화를 내며 악을 지른다. 엊그제 교회 여자 목장예배를 집에서 드리고, 남편은 바깥에 나가 시간을 보냈다. 남편은 나가면서 예배가 끝나면 먼저 에어컨을 끄고 문을 열라고 했다. 남편이 집에 들어와 시키는 대로 하지 않았다며 불같이 화를 냈다.

"왜 문을 확 열지 않아? 미친년아!"

나는 할 말을 잃었다. 이게 그렇게 화낼 일인가?

목포에 가는 날 아침, 나는 보온병에 찬물을 담았다. 기차에서 시원하게 마시고, 한 병은 사돈께 드리면 좋을 거 같았다. 그런데 타이밍이 문제다. 사실 시간이 늦지 않았는데, 평소와는 다르게 남편이 서두른다. 급한 마음에 핏대를 올리며 버럭 화를 낸다.

"왜 지금 이걸 해? 물통에서 물이 새잖아."

어두운 내 본능을 자극하니, '어휴, 이 개새끼...'하며 속으로 욕한다. 자녀들과 함께 생활할 때, 자녀들도 불안하고 두렵고 떨리는 기분으로 그 시간을 견디었다. 그때 건강한 화를 냈어야 하는데, 그걸 못했다. 지금에야 후회하는데, 자녀들 앞에서는 남편이 사과했다.

"너희들 윽박지른 점을 사과하마. 용서해라."

우리의 내면이 이러한데 겉모습은 멀쩡하게 비춰진다.

기차를 타고 가면서 우리는 한 마디도 하지 않았다. 무심한 바다를 보니, 그 평온함이 부럽지만, 그 속사정은 따로 있을 것 같다. 바다의 겉모습과 내면은 똑같을까, 다를까?

오른쪽은 산, 왼쪽은 바다로 이어진 고하도의 데크를 따라 걸었다. 바다의 겉모습은 잔잔했고, 짠 내 나는 바다 맛이 바람에 실려 왔다. 이순신 동상 앞에서 바다를 배경으로 사진을 찍었다.

저녁에는 허름한 맛집에 갔다. 회무침을 먹었는데, 알싸한 맛은 술을 부르는 맛이라고 좋아했다. 호텔에서 숙박하고, 든든한 아침 식사 후에 김대중 노벨평화상 기념관에 들렀다. 그곳에서 김대중 대통령 업적을 살펴보았다. 마침 오늘 추모식이 있어, 높은 지위에 있는 사람들이 많이 왔다.

자연사박물관, 문예박물관, 생활도자박물관을 차례로 둘러보았다. 남농을 비롯한 여러 화백들의 그림을 감히 평가할 수 없지만, 볼 수 있다는 것에 마음이 풍요로웠다. 동양화의 매력은 여백에 있고, 그 여백은 우주를 품는다고 하던데, 갑자기 우주만큼 넓은 마음이 된 기분이다. 그러나 김우진과 윤심덕의 사랑 이야기, 비루한 현실 이야기에는 쪼그라들었다.

목포근대역사관 1, 2관을 관람했다. 목포의 근대사가 곧 우리나라의 근대사인 거처럼 볼수록 울컥하니, 그 시대 감정이 느껴지고 살아났다. 지금 우리가 잘 살게 된 것도 그분들이 지탱해주었기 때문이니, 참으로 감사드린다. 유달동 사진관에서 젊은 포즈를 취하고, 가족사에 남을 기념사진을 찍었다.

목포역 근처 수산시장에 들렀다. 사돈께서 갈치, 조기, 자연산 미역을 샀다. 딸이 다음 달 출산 예정이니 미역이 필요하다. 사돈은 우리에게 갈치를 사주시고, 함께 미역을 샀다. 주인은 산모가 먹을 것이니 집에 갈 때까지 미역의 중간을 구부리지 말고 그대로 가져가라고 했다. 역 앞의 맛집에서 콩국수를 먹고, 서울행 기차를 탔다. 많이 어려울 수 있는 사돈지간이지만, 같이 여행하면서 서로를 알아가고 이해하게 되었다. 각각 다른 삶을 살았지만, 자식을 나눠 가지며 생각하는 마음은 똑같다. 미래를 바라보는 마음 역시 같은 마음이다. 사돈은 자식 때문에 생긴 새로운 가족이다.

§ 8월 19일(월, 폭염)

어르신 댁 앞에서 요양보호센터 원장님을 만났다. 물 한 병을 냉장고에 넣고 태그하고, 원장님과 함께 시장에 있는 마트를 찾았다. 두유 한 박스와 바나나를 사서 돌아왔다.

어르신이 드실 영양 음료를 신청했는데, 아직 오지 않았다. 원장님은 평소처럼 어르신께 질문하셨다.

"어떤 음식을 제일 잘하셔요?"

"백반, 찌개를 잘 끓였지."

"지금은 어디가 제일 불편하세요?"

"90이 넘었는데, 안 아프다고 하면 거짓말이지."

"뭘 더 바라는 거 있으세요?"

"돈 벌라고 왔는데 알아서 해야지. 난 뭘 해달라고 말 안 해."

어르신이 나를 두고 하시는 말씀인데, 매우 단호하셨다.

저녁에 전주에 사는 손녀와 통화했다. 손녀와 영상 통화는 우리 부부의 기쁨이다. 손녀의 웃는 모습은 밋밋한 가정에 생기를 돋게 한다. 손녀의 발음이 점점 또렷해진다. 몇 마디 주고받는 말로 하루 고단함을 위로 받는다.

§ 8월 26일(월, 무더위)

어르신께 간식으로 고구마, 사탕, 초코파이를 드렸다. 김치를 씻어서 된장국을 끓이고, 달걀프라이를 했다.

여전히 무더운 날씨 때문에 어르신도 힘드시다.

"가만있어도 찌네 쪄."

TV를 틀면 노래가 반갑고, 노래는 어르신께 유일한 친구다. 노래처럼 즐겁게 식사하시고, 나랑 화투를 하셨다.

화투에서 이기시니 더욱 흥이 나신 것 같다. 찜통 같은 더위를 이렇게라도 잠시 잊으시니 다행이다.

집에 왔는데, 늘 있던 사람이 없으니 허전하다. 남편은 그제 교회 수련회에 다녀온 후, 어제 오후 입원했다. 몇 년 전 치질 때문에 3일간 입원했고, 두 번째다. 2월에 퇴직해 집에서 지내며, 가끔 체증과 함께 명치 쪽이 아프다며 소화제를 먹었다. 병원에서는 담도가 막혀 관을 심는 시술을 한다고 했다. 남편은 병원에 가면서 3-4일 걸릴 것이라며 책이나 읽고 오겠다고 했다.

§ 8월 27일(화, 무더위)

방 청소를 하고, 식사를 준비하는 동안 어르신은 작은방 의자에 앉아 창문을 열어 바깥을 내다보신다.

"어르신, 무슨 생각하세요? 식사하셔야 해요."

"지나가는 사람이 없어..."

앉아있기도 힘든 시간이 오면 어쩌나. 무수히 많은 사람들을 만나고, 작별하셨을 텐데, 여전히 사람이 그리운 거다. 어떤 인생이라고 단정 지을 수 없지만, 한창 활동했던 시절로 돌아가고 싶을 것이다. 무심히 창밖을 바라보시는 모습이 애잔하다. 어르신께서 이 더위를 잘 넘기시길 기도드린다.

된장국, 호박전, 구운 조기로 식사를 차려드렸다.

어르신 댁을 나와 곧장 병원으로 가서 남편을 면회했다. 남편은 덤덤하게 시술과 함께 조직검사를 받았는데, 암세포가 발견되었다고 한다. 암세포 뿌리가 총담관에 있고, 작은 것이 췌장 바깥의 담도에 있다는 것이다. 하늘이 무너져 깜깜하다는 말이 이런 것이구나 싶었다.

병원에서 나와 지하철역으로 가는데, 남편 앞에서 흐르지 않았던 눈물이 쏟아졌다. 어르신이 당신의 노후가 이렇게 될 줄 꿈에도 몰랐다고 하셨는데, 남편에게 암이 올지 정말 몰랐다. 앞으로 어떻게 해야 할지 난감하다. 당장 힘이 되는 것은 교회 공동체다. 공동체에서 묻고 들으며, 따라 해야겠다.

그동안 머리로만 알았던 것을 시험하기 위해서일까? 지금도 하나님이 좋으냐고 물으시는 거 같다. 여행을 좋아하니, 암에 걸린 남편과 한 번도 가지 않은 길을 가보라는 것일까? 눈물이 그치지 않는다.

집에 돌아와 아이들에게 알리고, 시댁 형제들과 친정에 전했다. 요양보호센터, 어르신, 어르신의 아드님에게 사정을 이야기했다. 어르신의 돌봄을 정리했다. 어르신과 정이 들고, 자신감이 붙어 이제야 뭔가 제대로 돌봐드리겠다 싶었는데, 이렇게 중단하는 것이 서운하다.

돌보며 돌아보며 요양보호사의 성찰일기

1판 1쇄 인쇄 2025년 12월 15일
1판 1쇄 발행 2025년 12월 20일

지 은 이 | 최보심
발 행 인 | 박철용
발 행 처 | 양서원
주 소 | 경기도 파주시 직지길 522 파주출판도시
전 화 | 031-955-8000(代)
팩 스 | 031-955-8005
홈페이지 | www.yswpub.co.kr
이 메 일 | yswgroup@naver.com
출판등록 | 1987년 11월 24일 제406-2003-037호

ISBN 978-89-994-1625-5

정가 14,000원